Performance Architecture

The Art and Science of Improving Organizations

绩效构建

提升组织绩效的科学与艺术

[美] 罗杰·爱迪生（Roger Addison）
卡罗·海格（Carol Haig） 著
林恩·卡尼（Lynn Kearny）
易虹 付庆波 熊洁 译

電子工業出版社

Publishing House of Electronics Industry

北京·BEIJING

Performance Architecture: The Art and Science of Improving Organizations by Roger Addison, Carol Haig, Lynn Kearny
ISBN: 9780470195680

版权贸易合同登记号　图字：01-2017-7613

图书在版编目（CIP）数据

绩效构建：提升组织绩效的科学与艺术 /（美）罗杰·爱迪生（Roger Addison），（美）卡罗·海格（Carol Haig），（美）林恩·卡尼（Lynn Kearny）著；易虹，付庆波，熊洁译. —北京：电子工业出版社，2018.1

书名原文：Performance Architecture: The Art and Science of Improving Organizations

ISBN 978-7-121-33154-1

Ⅰ. ①绩… Ⅱ. ①罗… ②卡… ③林… ④易… ⑤付… ⑥熊… Ⅲ. ①组织管理学—研究 Ⅳ. ①C936

中国版本图书馆 CIP 数据核字(2017)第 298354 号

策划编辑：晋　晶
责任编辑：袁桂春
印　　刷：三河市双峰印刷装订有限公司
装　　订：三河市双峰印刷装订有限公司
出版发行：电子工业出版社
　　　　　北京市海淀区万寿路 173 信箱　　邮编 100036
开　　本：720×1000　1/16　印张：12.5　字数：160 千字
版　　次：2018 年 1 月第 1 版
印　　次：2022 年 1 月第 10 次印刷
定　　价：65.00 元

凡所购买电子工业出版社图书有缺损问题，请向购买书店调换。若书店售缺，请与本社发行部联系，联系及邮购电话：（010）88254888，88258888。
质量投诉请发邮件至 zlts@phei.com.cn，盗版侵权举报请发邮件至 dbqq@phei.com.cn。
本书咨询联系方式：（010）88254199，sjb@phei.com.cn。

赞誉

“作者拨开了人类绩效技术定义与应用相互冲突、混乱的层层迷雾，定义了整个绩效改进领域的态势与局面，并提供了有用的概念与工具。这本书是绩效改进顾问为所有的利益相关者衡量绩效改进和收益所作的第一本参考书籍。”

——Roger Kaufman　国际注册绩效改进顾问，

佛罗里达州立大学荣誉教授

“作者们做了一项介绍系统化结构的精彩而卓越的工作，这种结构就是人类绩效技术的方法。运用这种方法，新手们很容易找到进入这一领域的途径。不仅如此，那些有经验的从业人士也许能够从中找到认识自己习惯做法并拓宽自己视角的方法。每章最后的‘作者精选读物’部分是非常宝贵的资源，对绩效改进顾问来说尤其有用，是人类绩效技术书库中的必备书籍。”

——Klaus D. Witthuhn 国际注册绩效改进顾问，

绩效设计国际股份有限公司管理合伙人

“爱迪生、海格和卡尼开发出一种全面、强有力的方法来改进公司的绩效并确保做出改变的努力获得成功。这本书提供了许多分析复杂问题和开发有效、实用解决方案所需的工具、技巧及系统化方法。书中的案例研究及与其伴随的在每个领域的研究是三位作者成功运用绩效技术的丰富经验的生动说明。每个绩效改进顾问都希望这个宝贵资源成为他工具箱中的一员。”

——Bryan Lawton　Doctors 公司治理与企业发展首席官

“这本书以绩效改进如何起作用这一重要观点为起点，然后直接进入具体内容。书中为管理者提供了有价值的框架结构，也为从业人员提供了关键的原理和技巧。没有多少作者能像这个三重唱小组一样具备资格和能力来展示绩效改进这片领域的面貌。”

——Timm J. Esque 效果管理顾问公司合伙人

“这本书为管理者提供了必要的架构来系统化地分析绩效差距与不足，并提出了更广范围的解决方案。书中的模型、工具、案例及应用实践对管理者进行组织各层面的工作场所绩效改进提供了指导。对那些正在学习和使用人类绩效技术的管理者来说，这本书是一个强有力的资源。”

——Roger Chevalier　国际注册绩效改进顾问，

《改进工作场所绩效管理者指南》的作者

译者序

“我们的销售量上不去。”

“电话太多，无法及时接听。”

“研发的新品测试缺陷率高。”

“服务质量面临投诉居高不下的压力。”

……

每个组织都面临着诸多的绩效挑战，而绩效却不是在孤立的环境下产生的，对绩效结果进行系统化控制，努力改进组织中存在的绩效问题不是一件容易的事。更不易的是，绩效改进追求持续改善，仅一次成功改进和创造结果的变革是不够的。组织作为一个系统，其中的每个组成部分都相互关联。当某个组成部分需要进行绩效改革时，组织的任何部分都将影响其他部门。

本书的三位作者给出了对组织中影响结果的三大因素——人、工作及工作场所进行分析的方法，并用简单、简洁的方式为管理者构建了一个清晰的思考结构，说明这些因素是如何相互作用而生成结果的。同时作者还提到了技术方案与政治计划共同作用的重要性。这些是对罗斯韦尔（Rothwell）的4W模型［人员（Worker）、工作（Work）、工作场所（Workplace）、国际（World）］的丰富和补充。

作为一本关注结果、关注未来的书，它的内容不仅关于眼前的绩效改进，也着眼未来持续的绩效改善和持续的价值增加。它与每年我们看到的大量新书不同，它不是在兜售带来昙花一现商业成功的所谓创新性的解决方案，与此相反，这本书不仅引导我们思考现在，还为我们提供了实现未来价值持续增长的技术理论与变革艺术。

这也是一本实用的书，从2008年出版到现在经久不衰，被誉为绩效改进顾问与管理者的必备书籍。这本书的三位作者从事绩效改进的时间加起来80多年，书中提出的模型、工具、案例以及应用实践为管理者提供了一个很有价值的框架结构，也为绩效改进顾问提供了关键的原理和技巧。

因此，我和付庆波老师、熊洁老师今年把这本书《绩效构建》翻译出来，供国内的同仁们一起学习。希望这本书能为中国的绩效改进实践带来科学与艺术的新视角、新借鉴！

本书在翻译过程中得到了尤舒老师的全程鼎力支持，在此表示由衷地感谢。限于译者水平有限，时间仓促，书中难免会有一些不畅或遗漏之处，请包涵指正。

易　虹

序

终于！我等这本书已有十年之久了！

尽管认识罗杰·爱迪生已经 30 年了，但我在 10 年前才开始与他一起工作，当时我是由他设计和管理的 ISPI 绩效转变学院的一名教师。就罗杰来说，监督这些学院是一个很合适的角色，因为我认为罗杰是绩效转变大师。罗杰指导绩效转变并管理着由此而生成的一个大型金融组织的绩效改进部 17 年。据我所知，这是世界上最成功、运营时间最长的人类绩效技术（Human Performance Technology，HPT）组织。罗杰的合著者卡罗·海格和林恩·卡尼也都为这家成功的绩效改进组织做出了贡献。

正是在与罗杰共同执教绩效改进工作坊的情况下，我看到了他的第一手经验、故事和实例对工作坊参加者的积极影响。在这些工作坊中有大量的模型和工作表，但罗杰的故事真正销售了这种观点——对即将实现飞越的那些人来说，绩效改进是强有力的、可行的。因此，我花费三年时间劝说罗杰将他的这些故事写下来。在接下来的三年中，我又恳求他与卡罗和林恩一起合作撰写这本书。最终，大概在三年前我说服了罗杰和他的合著者一起到我位于图森的办公室，我们在那里待了七天，我把门锁上不让他们出来，直到他们完成了此书的详细提纲。所以，我说："终于！"

当然，这本书中并不仅仅是罗杰的那些故事，里面还有卡罗和林恩的丰富经历，多年来他们两人也曾经和罗杰在一起或分开工作过。此书为初学者及经验丰富的从业人士提供了实用的人类绩效技术应用框架，是一本极好的、由一些非常可能是人类绩效领域最见多识广的专业人士编写的参考书。

回到故事——最初激发我想要促成这本书的故事。如同你们中一些人知道的那样，我在绩效改进领域的工作是支持综合分析模型和带有轰动性的大型项目。但是，人类绩效技术原则备受瞩目的应用却常常在与高管、经理及员工的小型、日常的交往中出现，出现的形式也往往是问些其他任何人都想不到的问题，或者进行一次关键的观察或提出建议。这些“人类绩效技术精彩时刻”通常做出了最基本的贡献，如停止一项潜在的愚蠢行为或实现了一次更好的、成本更低的、持续时间更长的变革。当这本书和这些故事印刷出来后，用人类绩效技术的思路考虑问题，每天都会创造不同的机会。

吉尔里·鲁姆勒（Geary A. Rummler）

绩效设计研究室合伙创始人

前 言

我们三人从事帮助组织改进其员工绩效的时间加起来已有 85 年了，我们希望和大家分享那些我们知道的可以获得结果的东西。我们使用模型和工具，包括我们自己的建议和实例。我们提供的建议来自我们的经验，我们给出的实例来自我们的工作以及同事和朋友的工作。

构成本书基础的概念和模型源于两年前，当伟大的旅行家罗杰第一次看到一本旅游访问指南时。罗杰被迷住了，因为这本指南按照人们旅游的真实情况组织，描述了在一个城市附近应该参观的地方，而不是依照景点、饭店、酒店等的列表。罗杰拜访了 The Understanding Business（TUB）和那本旅游访问指南的设计师们。在那里，罗杰与马克·约翰逊（Mark Johnson）见了面，马克当时是 TUB 总裁。TUB 专门从事通过优秀的设计使信息变得易获得，罗杰发现以这种方式来展示信息有助于绩效改进。马克通过培训成为一名设计师，他与罗杰就设计及设计在改进绩效中的作用进行了多次交谈。在一次交谈中，他们将绩效和建筑学做了关联，两者的结合帮助罗杰重新调整了重心——将重心放在设计绩效上，而非简单地寻找差距，同时这种关联也打开了罗杰的思路，将其他学科如建筑学、职场设计等均囊括到他的绩效改进努力中来。

撰写本书帮助我们认识到自己学到了多少东西，以及有多少能够把我们所学整合起来形成一张完整的蓝图。每当写到一个主题时，研究和评估审核材料都让我们有了新见解、新关联，而且更新了我们认为理所当然的信息。仅仅是我们对于新书和新网站的探索就是非常有价值的。写书的过程也提醒我们考虑将组织策略视为积极的工具，而非一个不可避免的灾祸。最终，我们认识到在人类绩效技术中，为组织层面服务的工具不及在其他层面的工具那样有力。我们希望本书将鼓励绩效改进领域的其他人为组织层面人类绩效技术增加更多所需资源。

如果没有吉尔里·鲁姆勒的鼓励和支持，我们是永远不可能写这本书的。吉尔里认识我们已经多年了，我们在工作中使用了他的资料，这也使得他了解我们的工作并鼓励我们将自己的理念一起放到本书中。最后，他邀请我们去他位于亚利桑那州图森（七月）的住所，在那里，他带领我们完成了本书最初的框架，他对我们敞开了他宝贵的工具和资源（见图 0.1）。我们非常感激他。

人类绩效技术和绩效改进有很深的渊源。我们知道本书建立在众多伟大思想家的著作基础上，包括 B. F. 斯金纳（B.F. Skinner）、劳埃德·霍默（Lloyd Homme）、托马斯·吉尔伯特（Thomas Gilbert）、乔治·盖斯（George Geis）、比尔·戴特林（Bill Deterline），以及当代的戴尔·布莱斯欧尔（Dale Brethower）、克莱尔·凯里（Clare Carey）、罗杰·希瓦利埃（Roger Chevalier）、比尔·丹尼尔斯（Bill Daniels）、朱迪斯·黑尔（Judith Hale）、乔·哈里斯（Joe Harless）、保罗·哈蒙（Paul Harmon）、斯蒂芬妮·杰克逊（Stephanie Jackson）、罗杰·考夫曼（Roger Kaufman）、丹尼·兰登（Danny Langdon）、米奇·莱恩（Miki Lane）、罗伯特·马杰（Robert Mager）、玛戈尔·默里

（Margo Murray）、肯恩·西尔柏（Ken Silber）、哈罗德·斯特洛维奇（Harold Stolovitch）、唐纳德·托斯蒂（Donald Tosti）、克劳斯·魏特库（Klaus Wittkuhn）、凯思林·怀特塞德（Kathleen Whiteside）等。

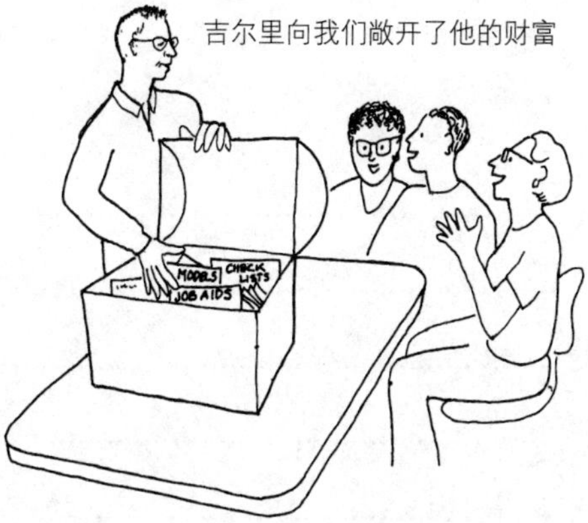

图 0.1　吉尔里的百宝箱

我们还要特别感谢我们的同事、老板、朋友及家人，在我们研究、写作时，他们为我们加油：丹妮·安德森（Dannie Anderson）、里克·巴塔利亚（Rick Battaglia）、迈克尔·卡伦（Michael Cullen）、艾普利·戴维斯（April Davis）、马修·戴维斯（Matthew Davis）、芭芭拉·高夫（Barbara Gough）、克莱斯·卡尼（Cress Kearny）、布莱恩·劳顿（Bryan Lawton）、沃尔特·拉特克利夫（Walter Ratcliff）、乔茜·特鲁希略（Josie Trujillo），以及菲弗的编辑团队。

罗杰·爱迪生

卡罗·海格

林恩·卡尼

目 录

导论

组织越来越多地将重心放在改进其行业及市场的绩效上。在组织内，除了人力资源部门外，越来越多的职能部门在寻找工具与信息来帮助管理和扩大员工绩效，从而实现组织目标。例如，差距分析是信息技术、营销与销售、运营、财务及其他职能部门中的一个常见行为，为此许多职位都要求具备咨询技能。

本书的需求

除了人力资源、培训及组织发展部门外，越来越多领域里负有责任的人需要工具以便能够对其专业岗位的工作提供卓有成效的咨询服务。总的来说，组织知道可以从跨行业员工那里得到益处，因为这些员工可以互相分享技能、知识、资源，从而为绩效提供巨大能量。

本书的目的

绩效技术概况模型促使本书的产生。本书为读者——需要工具和信息来帮助实现组织目标，并在绩效改进方面积累或加强他们的技能和知识——提供了架构。我们识别并展示绩效如何在三个层面——员工、流程、组织——对结果产生影响，同时使你能够强化任何一个项目、一个或大或小项目的绩效改进活动，从而获得成功。

人类绩效概况提供了各种组成部分，所有的从业者，从初学者到高级人士、从学生到专业人士都有渠道取得或增加他们的绩效改进专业知识。我们支持模型中每个组成部分，包括已展示出价值的工具和实例，这些工具与实例都是由一些备受尊敬的贡献者开发的，同时我们自己也成功地使用过。

范畴与方法

设想这本包括工具和信息的人类绩效技术用户指南系统地呈现在你面前，解释人类绩效技术并为你提供方便的检索渠道。我们分享我们三人加起来超过 85 年的最好经验，告诉你什么能起作用及其原因，有时还会告知你那些潜在的问题和如何避免这些问题。我们将自己、同事、朋友的成功经验都放在了本书中，这样，你可以了解模型或工具是如何产生结果的。

我们在使用术语时也对其进行定义，而且尽可能避免使用缩写。我们鼓励你在与客户交谈时使用与业务相关的语言，而不要使用绩效改进行业的语言。

在本书的几个章节中，我们提供了一些应用练习，旨在帮助你了解我们在工作中发现的非常宝贵的特定模型与工具。而且，我们也将许多能够帮助大家扩充自己专业积累的资源包括了进去，你可以从中找出某个感兴趣话题的更多信息，如参加一个专业协会，参加有启发意义的讨论或会议等，以此提高你的专业知识。一定要探讨一下每章后面的“作者精选读物”，将它们作为必需的资源。

除了我们在这里提及的许多模型和工具之外，我们还把合著者林恩·卡尼做的一些插图也放在了书中，林恩·卡尼不仅绘制插图，还著有职场绩效改进方面的图书并提供咨询。林恩的插图使复杂的概念变得明晰，使错综的模型变得不再神秘，同时，插图还为本书增添了魅力和乐趣。

如何使用这本书

本书的核心是第 1 章——绩效技术概况。作为其余各章的基础，第 1 章对人类绩效技术进行了解释，而且它是一张地图，引导你进入这个领域的从业者们所从事的工作并告诉你他们做些什么。我们推荐你首先阅读第 1 章，这将帮助你决定你下一步的行动。

阅读第 2~8 章时，你可以按顺序阅读，也可以根据自己的需要阅读。每章内容都是独立的，可以独立存在。只要可能，我们可以对讨论的某个议题参考其他章以获得更多信息或不同的观点。每章都有一个“下一步去哪里”的表格，为你指示你可能感兴趣的其他章节。

第 2 章　员工：个人及团队层面。本章介绍了三个组织层面的第一个层面并讨论了绩效改进顾问在这个层面遇到的典型问题。在这章，你可以找到进入员工层面项目的模型、工具、案例及建议。

第 3 章　流程与惯例：工作层面。本章探索源于在组织内执行工作而产生的绩效改进方面的挑战，以及使人们了解其流程和惯例的方法。你会发现已被证明了的解决工作问题的方法和能够帮助你的支持模型和工具。

第 4 章　工作场所：组织层面。本章将帮助你为绩效改进关注点进行导航，这些源于组织上层的关注点已经在一个或几个其他组织层面上创造了改革的机会。你将看到有效的导航技术，发现在你熟悉的范围外成功运作的线索并为组织策略增值。

第 5 章　实施：将绩效与组织整合。本章将重新审视项目导入后所发生的事情，并帮助你避免你的项目在产生你所约定的成果之前突然消失不见。

第 6 章　我们做什么。本章将展开对处于人类绩效技术核心地带的系统化方法的讨论，展示应用于组织三个层面中每个层面上的各种绩效改进是如何在一起共同产生结果的。

第 7 章　关注未来：观察趋势。我们对当前职场和世界的发展趋势表示赞同，毕竟这种趋势对我们的客户有影响。我们挑选了数个关键的、广泛的、相互关联的趋势来帮助你提高意识以解决面对客户时的众多挑战。我们也讨论了你可以做什么来仔细寻找能够改进你所在组织绩效的机会。成为一个真正的商业伙伴的关键——成为组织成功的积极推动力量。

第 8 章　规划你的路线图。路线图将为你提供机会，一个决定在人类绩效技术领域学到更多的机会。本章提供规划辅助来帮助你考虑三个层面——你自己的发展、你所在部门的发展、你所在组织的发展——所需的技能与知识。

更远大的设想

我们三人发现人类绩效技术具有无穷的魅力和益处。给人以侦探般感觉的分析工作、建筑师般感觉的解决方案搭建，以及在我们选择的学科中所发现的共通之处与分享，使我们数十年来一直从事这一工作并对此一直具有极大兴趣。我们希望你会发现这些模型、工具和资源对你的事业真正具有的提高作用，你也能和我们一样从中获得满足感。

第 1 章

绩效技术概况

数年前，一家公司拥有一个由高绩效的数据录入员组成的团队，这个团队以其持续、快速的产出而又非常低的出错率而闻名，成员们都是在一起工作了很长时间、熟练而可靠的员工。后来公司搬到了一处大得多的新场所，员工对新工作场所感到非常兴奋，他们喜欢这里宽大的办公室、环绕式的窗户，以及由茂盛的草坪和树荫所带来的宁静景色。

搬家时他们将现有的所有办公室家具、最先进的计算机和其他设备都带了过来。他们在新工作场所安顿下来并继续工作。过了一两周，经理评估了他们的成果报告，结果吃惊地发现这个团队的出错率明显增加了。经理没有找到明显的原因，结论只能是这次搬家莫名其妙地破坏了员工们一贯的准确率。

当这种令人担忧的趋势在之后的几个报告周期内一直持续时，经理认为最好的行动方案就是重新培训这些高技能、高效率的员工，因为他们明显忘记了如何做好他们的工作。于是，所有的数据录入员接受了重新培训。正如你们可能猜到的一样，员工不达标的业绩仍然继续着，之后的报告显示差错率仍然没有降低。

无可奈何的经理转而求助于绩效咨询部门，绩效改进顾问拜访了经理。

在经理讲了这件事情的最新情况后，绩效改进顾问要求查看搬家以来的所有报告及搬家之前的几份报告，以此进行员工绩效的对比。

看完这些报告后，绩效改进顾问与这位经理分享了她的发现。在搬入新工作场所之后的报告中，她发现下午晚些时候出错率明显增加的情况。经理对此不能马上做出解释，于是绩效改进顾问提出她是否可以与这些员工同在一层楼里待上几天，希望以此观察这些员工并了解他们的工作。

当观察结束后，绩效改进顾问再次与经理会面分享她这次的发现。这些巨大而明亮的窗户的确能让大量阳光照射进来，但当下午太阳落山时，阳光投射在员工的电脑屏幕上产生了刺眼的光线。尽管十分熟悉这些应用软件，但刺眼的光线导致员工容易出错，而且由于不能及时发现这些错误，因此出错率上升了。

经理感到有些尴尬，因为他未抓住绩效变差的明显原因。绩效改进顾问帮助他认识到，当试图从内部为问题做出诊断时，“另一双眼睛”具有很大的价值。绩效改进顾问指出了在分析绩效问题时观察的强大作用，她还透露，在亲眼见到之前，她从不完全相信她的委托人说的任何事情。经理原谅了自己的疏忽并且高兴地意识到，窗帘是解决这个绩效障碍的相对快捷而便宜的方法。（爱迪生和海格，2006，第35页）

我们在哪里工作

“你在哪里工作？”当聚会上一个刚认识的人提出这个问题时，我们可能会说：“我在这个城市工作。”当在公司范围的会议上被问到这个问题时，我们可能会说：“我在客服部工作。” 如果在电梯间被人问到的话，我们甚至说："我在楼下运输部。"但是，如果我们说"我在绩效技术部工作"，那会发生什么？对任何一个在绩效改进领域工作的人来说，这是一个真实的回答，但这个回答很可能让提问者一脸的迷惑、茫然。

欢迎大家来到绩效改进专业人士的大家庭。我们栖息在对大多数人来说是个神秘的地方，然而伴随着详细的解释、实例、插图与故事，我们在绩效技术概况中所发现的已经被我们组织中的其他人所熟悉，这些人可能是技术人员、主管人员、高管或一线的工作人员。在概况中，我们破译绩效问题并搭建解决方案来改进员工在工作中取得的绩效。

作为组织业已得到改进的绩效的指定设计师，我们依赖大量的经验、被证明的方法及记录在案的成功案例来帮助委托人构建一种员工可以达到和超过预期绩效成果的环境。绩效技术概况一章是我们设计和构建绩效模式的指南。绩效模式包括基于证据的设计、计划、模型及工具，可用来指导员工、工作和工作场所的整合，从而改进组织内绩效。

让我们从探索概况的特点开始。为了帮助说明我们的发现，我们将使用我们三人 85 年的绩效改进经验和名人的有价值的工作，他们是戴尔·布莱斯欧尔（Dale Brethower）、朱迪斯·赫尔（Judith Hale）、保罗·哈蒙（Paul Harmon）、劳埃德·霍姆（Lloyd Homme）、汤姆·吉尔伯特（Tom Gilbert）、罗伯特·马杰（Robert Mager）、马戈·默里（Margo Murray）、吉尔里·拉姆勒（Geary Rummler）、哈罗德·斯特洛维奇（Harold Stolovitch）、唐·托斯蒂（Don Tosti）等。这些人负责搭建了绩效技术基础，他们的工作为绩效技术做出了贡献，同时也刊登在出版物上。（爱迪生和海格，2006，第 36 页）

绩效技术概况介绍

概况拥有人类绩效技术（HPT）工作中至关重要的组成部分。人类绩效技术是绩效改进的综合性系统方法，图 1.1 用概况的多维形式进行了说明。

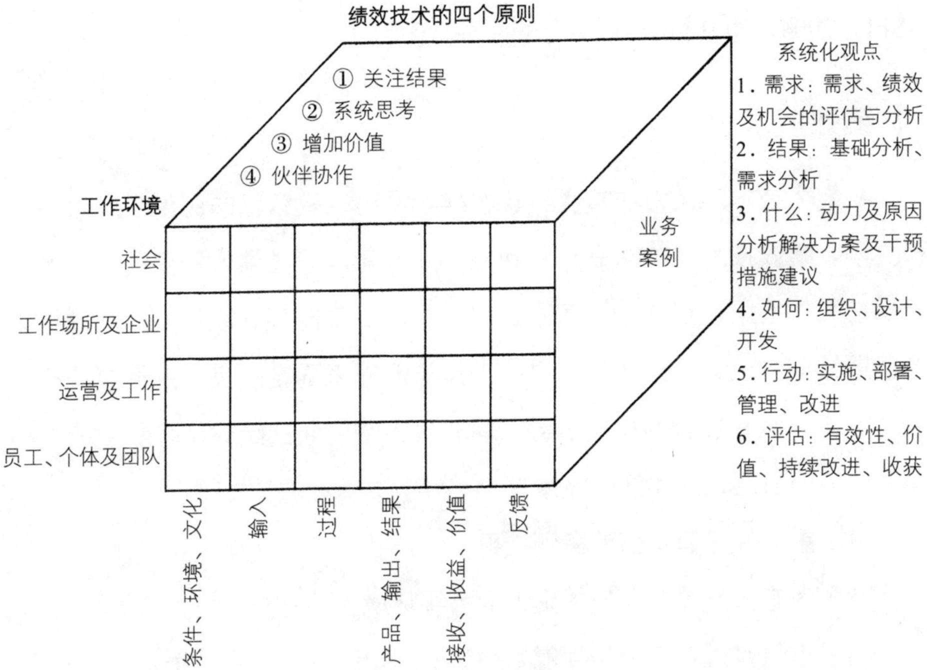

图 1.1　人类绩效技术概况

为帮助我们进一步解释绩效技术概况，有两个关键概念需要澄清：绩效和绩效技术。

绩效

当我们很多人认为绩效也许就是在绩效技术概况中一项简单活动的时候，经验丰富的绩效改进顾问将一个关键部分——结果——加到绩效里。（爱迪生和海格，2006，第 38 页）这样，绩效=活动+结果，就像阅读一份蓝图，活动，接下来的是搭建房子，结果。我们进一步规定，结果必须是有价值的。在这个例子中，搭建房子为一个家庭提供了庇护所。其价值就在于房子对所有利益相关者的重要性：住户、客人、建筑者、设计师、房产税税收员等。绩效也可以进一步定义为：由系统内人员创造的有价值的结果。（ISPI，2004，第 9 页）

绩效技术

我们将技术定义为一整套经验与科学原理以及它们的应用；应用知识和科学。绩效技术（PT）是一种包括了所有影响人类绩效的变量的技术。我们在工作场所使用绩效技术来确定那些使员工能够完成他们的工作并创造预期结果的因素。绩效技术提供工具与流程来确定改良过的绩效、有价值的解决方案和投资回报的机会，同时也为创立新的绩效环境和制度增砖添瓦。简而言之，人类绩效技术：

（1）重心在于有价值的实测结果；

（2）考虑人员绩效所处的更大的系统环境；

（3）提供可以重复使用并能始终如一展示同一种结果的衡量工具；

（4）清楚描述项目及解决方案，足以使其他人员可以复制。（ISPI，2004，第 4 页）

我们经常发现我们的客户为团队技术而困惑，因为他们认为团队技术是机器、设备或自动化系统。像字典那样解释技术是有帮助的，也就是"知识在某一特定领域的应用"[（梅里安姆-韦伯斯特（Merriam-Webster），2003]。

解释绩效改进领域

绩效技术概况的作用是为绩效技术搭建框架，为观察绩效改进和提升客户公司价值的方法构建提供基础。仔细观察绩效改进概况会发现取得高绩效的四个关键部分：绩效技术的原则、工作环境、系统化观点和系统化方法。

绩效技术的原则

绩效改进顾问在工作中坚持四个原则，常常被描述为 RSVP+。

- R——关注结果：运用我们的业务知识帮助客户将他们的绩效改进方案与其业务需求及目标结合起来，并用最终目标的具体说明来启动方案。
- S——系统思考：当采用系统化观点分析形势时，我们要考虑组织绩效系统的方方面面，包括竞争压力、资源条件及近期和远期的预期变化。
- V——增加价值：从我们工作的方法和我们的产品中产生能够创造变化的结果。
- P ——伙伴协作：与客户及其他绩效改进顾问一起工作，分享技能、知识、创造力和成功来取得预期的结果。
- +——解决方案中立：RSVP+中的“+”提醒我们，作为有道德的绩效改进顾问，我们始终把客户的需求和要求作为重心，保持解决方案的中立性，向客户推荐其情况下的最好方案，而不是考虑我们对解决方案的偏好及个人特长。

RSVP+的使用

这些原则对绩效改进顾问具有宝贵的指导意义。绩效结果常常用收益或增长来描述，比如，用具体百分比来说明收益增加或市场份额增大。将绩效结果与关键业务、过程及干预措施相连是很重要的。

和你一起工作的客户其组织内部的系统是什么？他们的系统是不是一个系列功能性筒仓？要成为组织架构网格中的一部分，方案的步骤必须与整个系统保持一致。我们来看看一些行业的领军公司，如惠普公司的项目团队成员从世界各地不同行业、不同地区走到一起。[（弗里德曼（Friedman），2007，第207页]

这个系统的质量如何？我们知道，糟糕的系统无处不在，而且会践踏优秀执行者的努力。同样，在不改变系统而确定投诉处理方法的情况下，糟糕的系统也会淹没优质客户合理的投诉。（鲁姆勒，2004，第xiii页）你要了解将要引进变革的环境。

合作关系是至关重要的。当环顾组织四周时，你会发现许多人正在努力改进其所在区域的绩效。可以设想一下为同样目标合作的很多利益相关者所产生的能量。今天，如果一个组织不是横向思维，那么它就没有创新。

组织获得的是它们所衡量的，而它们衡量的是对它们有价值的。唐·托斯蒂（Don Tosti）建议我们的实践要与组织的价值观保持一致。（选自与唐·托斯蒂的一次谈话）

最后，在RSVP搭建的极棒的框架上，你可以做一个电梯演讲，逐层向上描绘你的工作。尝试创建几个短小的语句来谈及每个原则，看看你会创造出什么。（海格和爱迪生，2007）欲获得有关电梯演讲的更多信息，请阅读第8章——规划你的路线图。通过系统思考，我们可以在努力改进绩效的同时与组织内所有联动部门合作。（爱迪生和海格，2006，第39页）

工作环境

在组织内部，工作分三个或四个层面执行：

1．员工：个人及团队层面

2．流程与惯例：工作层面

3．工作场所：组织层面

4．社会：服务的社区、领域

绩效改进顾问要确认问题产生的根源和问题如何在不同层面渗透及扩展，并据此来确保调查的完整性。例如，一个客户认定某个问题的根源在于某个员工或工作小组。我们可能进一步挖掘发现，虽然某个员工对问题产生了一定的影响，但其根源是工作层面的流程。于是，我们根据问题“生存”的地方制定不同的策略。我们为根源于个人或员工层面的绩效问题制定的策略就是提高问题的高度使之更加明显，从而得到解决方案的更多支持。

在流程与惯例层面，我们根据调查确认会受流程影响的所有职能部门，同时横向思维确保有关利益相关者能一起合作进行所需变革。

对于组织层面问题，我们会说明这些问题将如何对整个组织产生影响，包括供应商、客户和竞争力。

多年来，罗杰·考夫曼（Roger Kaufman）一直将我们的注意力引导到社会层面的工作。（考夫曼，2006）在托马斯·弗里德曼（Thomas Freidman）最新出版的一本书中，他对绿色革命提出了自己的观点。（弗里德曼，2009）当今许多组织都承认社会是它们的第四个层面，作为良好的企业法人，它们在这个层面可以为环境、经济及其服务的社区做出有价值的贡献。这种贡献可能包括鼓励员工参与当地慈善活动，如志愿者日活动，又如参加李维斯公司的“78 支参与社区活动”团队(详见 www.levistrauss.com/responsibility)。另外的例子就是通过对人道主义问题的支持作为社会层面的工作，如惠普公司的“为环境而设计”项目（详见 www.hp.com/hpinfo/globalcitizenship/environment/productdesign/design.html ），这个活动通过回收服务提供环境可持续产品。还有西门子艺术项目，这个项目是在西门子公司遍及世界各地的工作场所支持、推动当地艺术和文化（详见 http://w1.siemens.com/responsibility/en/citizenship/artsprogram/into.html ）。

绩效改进顾问也服务社会层面，使用人类绩效工具及技术从事解决发展中的世界地区广泛领域的需求。(爱迪生和海格，2002；考夫曼，2006)

只要可能，绩效改进顾问就会将其工作扩展到更高级别的组织层面以加强业已改进的绩效影响力，并为组织增加价值。许多从业人士习惯和个人及团队一起工作改进绩效。然而，当我们为整个组织工作而非仅仅提高绩效时，组织将认识到绩效改进更广泛、更持久的收益，因为客户最终会受到影响（见图 1.2)。

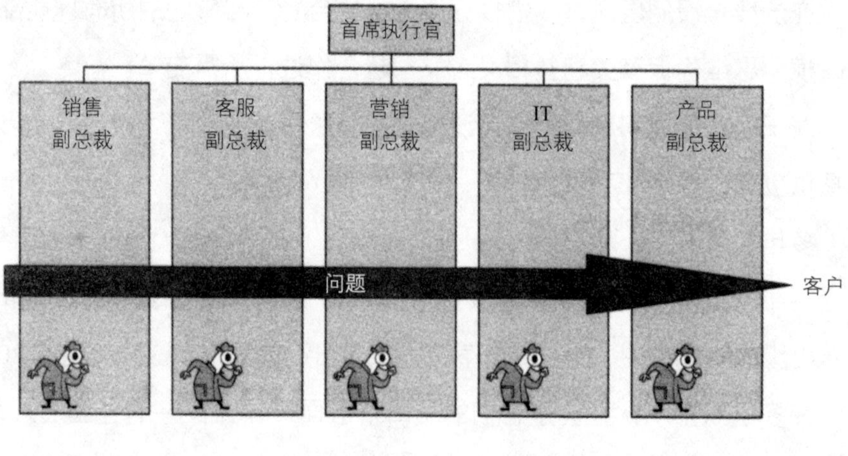

图 1.2　员工、工作、工作场所问题

我们如何思考——系统、系统化、全面化

如同建筑师在规划和设计时把整个项目视为一个系统，从人类绩效技术观点看，我们也把一个组织看成一个系统，因此用系统化观点可以将人类绩效技术与其他学科区别开来。

系统化观点

人类绩效技术专业人士从定义上将每个组织视同一个系统，而这个系统内的每个组成部分都是相关联的。因此，当某个组成部分需要进行绩效改革时，我们会在调查中考虑所有组成部分。我们接触的组织的任何部分都将影响其他部门，因为组织是一个系统。这就是我们经常说的系统化思维。图 1.3 的系统模型就是人类绩效技术基本原则的典型代表。许多绩效改进顾问对此模型有自己的版本。

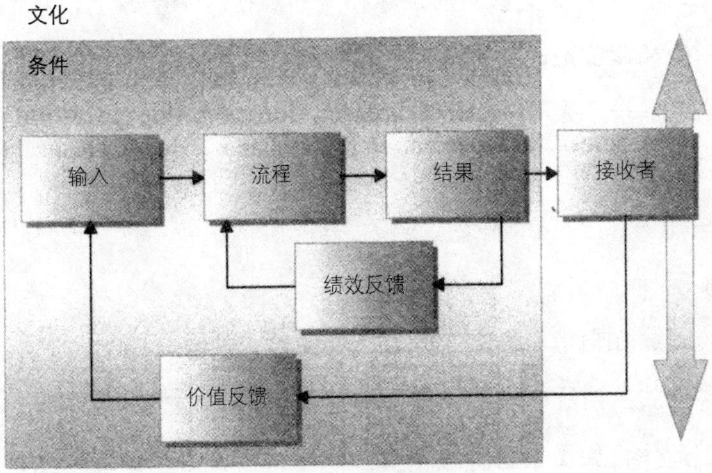

图 1.3 系统模型

当解决整个系统的问题时，我们将对绩效产生巨大的影响。如同绩效

模型所阐明的那样，绩效始于将内容信息输入系统，随后是处理，直至结果到达接收者。因此，绩效发生顺序是从左到右。然而，绩效改进顾问工作顺序是从右到左，从清楚地识别方案的预期结果开始，之后再按模型往回推进到内容信息输入系统。（爱迪生和海格，2006，第 40 页）

系统思考

通过系统思考，我们可以将企业看成由下面各部分组成的一个完整系统（改动获得 ISPI 同意，2004）：

- 接收者：受到或直接受结果影响的人，即利益相关者。
- 结果：产品、服务或任何通过流程产生的有价值的结果。
- 流程：产生预期结果的价值链中的顺序行为。

工作场所层面的重心是有关组织管理的流程。

工作层面的重心包括价值链及维护价值链的所有流程。这些变量中要考虑具体的活动和任务以及它们的顺序和流动。在这个层面上，我们常常寻找链接中断处和错位处，如瓶颈部分和断开位置。

员工层面聚焦于个人行动。所以，最好把执行者放进这个程序盒子中。需要考虑的变量是人的内在因素，是执行者的内在因素。其中包括：

- 技能与知识。
- 动力。
- 其他变量，如自信心、个人爱好、实践等。

考虑两种形式的流程也许有用。有些会涉及客户，如销售或服务；其他则关系组织运作，如员工薪金或招募。从根本上说，组织需要两种流程的有效性。

输入：启动和流程中使用的所有内容，包括顾客的请求、利益相关者的要求、信息、战略规划、工具与设备、工作计划、工作分配及支持。

条件：绩效发生的环境和条件，如经济和市场趋势，行业标准，有形的、业务的、社会的环境，这里包括有形的物理意义上的工作场所，就像本章之前介绍的关于数据录入员的故事。

绩效反馈：有关数量及质量的输出信息反馈给系统内的执行者、运营部门或组织。这种反馈可以用来进行调整以改进结果。

价值反馈：这是与绩效反馈相同类型的信息，但这种信息源于外部系统。信息源可能包括终端用户、利益相关者、周边社团、媒体等。（爱迪生和海格，2006，第41页）

请记住，绩效反馈来自系统内部，而价值反馈来自系统外部。有人这样解释这种不同：当厨师品尝汤的味道时，这是绩效反馈；当顾客品尝汤的味道时，这是价值反馈。

系统思考是有伸缩性的，可以在任何组织的三个层面上应用——员工层面、工作层面和工作场所层面。

系统化方法

绩效改进顾问运用系统化方法组织项目。他们按照步骤顺序并创造一个可复制的流程来确认需求和推荐解决方案（见表1.1）。

表1.1　系统化方法

步　骤	活　动
需求	与客户确认并讨论问题与机遇
结果	根据预期结果评估当前绩效并认定获得成功的要求
做什么	识别目前绩效和推荐的解决方案的来源

续表

步　骤	活　动
怎么做	设计和开发所选解决方案
行动	实施批准的解决方案，安排变更的管理流程到位
评估	按照最初所定的预期结果监督绩效

最后，绩效改进顾问要注意培养、强化与客户已经建立的业务合作关系。（爱迪生和海格，2006，第 42 页）

充当整合媒介的人类绩效技术

现在在组织内部遇到许多希望改进绩效的人是一件很普遍的事。他们采用大家已经熟悉的各种途径：

- 培训，聚焦为个体员工提供技能、知识和能力。
- 六西格玛，解决流程及其衍生物和改进。
- 组织发展，解决组织工作场所问题。

组织对绩效改进具有浓厚兴趣是大有益处的。然而，刚才描述的从事这门学科的专业人士常常在一个组织的不同部门工作，而且可能是在其职能部门进行纵向思维。

我们认为人类绩效技术的模型、工具及技术可以被用来整合全组织内部横向的、跨部门的所有绩效改革方案。绩效技术的力量不是强调方式，而是强调终端即结果。员工、工作和工作场所的整合对改进组织绩效是关键。（安迪生，2007）

结论：从绩效技术概况学习到的经验教训

在我们看来，绩效技术概况已经成为绩效改进顾问的试金石。当检验某个新的概念、模型、工具或方法的有效性时，我们会返回绩效技术概况中。我们希望从中知道这个新东西在绩效技术领域的合适位置，它如何支持绩效技术原则，它在哪个层面可以起作用，以及它与现存企业文化在多大程度上吻合一致。我们为绩效改进做的每件事或可以做的每件事都包括在绩效技术概况中。

绩效技术概况展示了我们可以在组织内发挥有效且高效的作用。如果我们准确地诊断出获得预期结果发展进程中的障碍并向组织提出有效建议，那么我们可以影响组织的绩效。这并不需要花费数年时间来研究，有了正确的工具、资源和技能，绩效改进顾问就可以变得擅长诊断——这是使我们变得独一无二的本领。

下一步去哪里

希望了解……	前往……
员工：个人及团队层面	**第 2 章**
问题的解决	
分析	
与企业关系	
模型与工具	
流程与惯例：工作层面	**第 3 章**
流程	
关键流程问题	
惯例	
绘图——使其有形化	
工作场所：组织层面	**第 4 章**
将组织用图形表示	
关键业务问题	
问题的解决：保持一致	
提出解决方案	
实施	
相关管理惯例	
模型与工具	
实施：将绩效与组织整合	**第 5 章**
什么是实施	
情景式与系统化	
失败与成功	
坚持到底	
模型与工具	
我们做什么	**第 6 章**
系统化方法	
项目管理	
模型与工具	
关注未来：观察趋势	**第 7 章**
影响客户的趋势	
自然资源	
技术	
经济	
绩效改进	
规划你的路线图	**第 8 章**
员工/个人	
工作/流程	
工作场所/组织	

作者精选读物

以下是我们向读者推荐的书籍和刊物，你们可能会喜欢。

书籍

Gilbert, T.F. (1996). *Human competence: Engineering worthy performance.* Washington, DC, and Amherst, MA: ISPI and HRD Press.

Hale, J. (1998). *The performance consultant's fieldbook: Tools and techniques for improving organizations and people.* San Francisco, CA: Jossey-Bass.

Pershing, J.A. (Ed.). (2006). *The handbook of human performance technology* (3rd ed.). San Francisco, CA: Pfeiffer.

Rummler, G.A. (2004). *Serious performance consulting: According to Rummler.* Silver Spring, MD: International Society for Performance Improvement.

Stolovitch, H.D., & Keeps, E.J. (Eds.) (1999). *The handbook of human performance technology* (2nd ed.). San Francisco, CA: Jossey-Bass / Pfeiffer.

Zemke, R., & Kramlinger, T. (1982). *Figuring things out: A trainer's guide to needs and task analysis.* Reading, MA: Addison-Wesley.

刊物

Performance Improvement Journal—as a member benefit or as a subscription for non-members. Available: www.ISPI.org

Harvard Business Review—available: www.insightfromhbr.org/1107voucher/voucher.cfm

第 2 章

员工：个人及团队层面

一间会议室里，12 个人围坐在一张大桌子旁讨论着针对 300 名客服经理开展培训项目的需求，这些客服经理分散在这家全国性保险公司的各个办事处。过去常常在正式的发展机遇面前被忽视的这些客服经理曾经学会并成功地将技术运用于改善生产力、减少客户等候时间、建立高效流程上，并以此降低成本并改善客户体验。在几年后的今天，同样的这些客服经理却不能将较低层面的任务分派出去，他们加班工作，很多人由于压力而不得不休假。

为什么会发生这一切？如何处理这种情况？

主持会议的财务经理希望为客服经理们提供“进一步”的生产力改进技术，并询问该门课程的内容有多少。人力资源经理观察到各办事处还有人员空缺，甚至有一些办事处缺人严重到客服经理委派任务时都没有人可以接。业务项目部经理则建议将辅助工作直接交给办事处员工，这样他们就可以不向客服经理请教如何做也能履行工作任务。区域经理则想知道，这些客服经理是否清楚地知晓客户的优先顺序。

两位绩效改进顾问坐在桌子的一旁边听边做一份表格，他们将讨论中获得的信息填到表格中，但一个问题也没有问。他们观察到客服经理们面临几个挑战，而应对这些挑战需要进一步的调查与说明。绩效改进顾问相当肯定的是，即使在这些挑战必须得以解决的初始阶段，对于他们中的绝大多数人来说培训似乎也不是一个可行的解决方案，因为客服经理们的绩效问题一直到近期才出现。

以会议上提出的各种问题为例，绩效改进顾问建议他们为进一步的分析制订计划，然后与财务经理就计划进行讨论，之后就对每个问题进行调查，从而了解更多的产生问题的原因。

会后，绩效改进顾问理智地假设，他们的调查将非常广泛，而且随着所了解信息的不断扩展，他们的分析可能会揭示新的问题。他们最初的问题清单如下所示：

- 缺乏授权技巧。
- 员工需求。
- 员工培训。
- 设定优先顺序。

他们的分析计划包括：

- 审查有代表性的交割过程、收集成册的报告以及客服经理近期由于压力请假、近期辞职或终止劳务关系和近期实习人员的数据。
- 审查办事处员工的聘用流程及对近期新员工的培训实践。
- 和与会的利益相关者、他们的代表及一些客服经理进行单独谈话。
- 于办事处观察在当前紧张环境下客服经理的工作。
- 参加客服人员会议或区域会议，以观察和获得相关信息。

绩效改进顾问准备用分析来证实他们最初对客服经理面临问题的假设并揭示更多关注点。绩效改进顾问注意到他们的切入点在公司员工、个人及团队层面，并且认为一些指向工作及流程层面，甚至工作场所及组织层面的新问题会浮出水面。在收集信息的同时，绩效改进顾问考虑可以用其发现做杠杆来帮助他们的委托人——财务经理扩展对情况的看法，并提出超过她对培训设想的一套解决方案。

但在计划分析行为和启动这个项目时，绩效改进顾问首先将重心放在了对绩效差距进行信息说明上。

技术综述

在当前从事绩效改进的专业人士中，许多人都是从向组织内员工及个人层面提供服务开始的。在这个层面，绩效改进顾问可能与某个特定工作类型的所有员工一起开展工作，如女鞋部的所有销售人员；可以帮助某个工作小组或团队，如灾难恢复部——这是一个由许多不同的各方面专家一起工作的部门；也可以为经理或总监就其工作小组里的一个或两个员工的情况提供咨询服务。

需要绩效改进顾问介入的一些关注点，如“这些人需要更好的沟通”往往仅仅是真正问题的一个方面或一件完全不同的事情的一个征兆。我们的工作此时就变成调查整件事从而发现真正发生了什么。

方法

绩效改进顾问就如同一个医生，先要收集员工以及他们所处环境的情况，从而更好地理解影响他们绩效的问题。一个医生也是先收集病人的以往病历、了解病人生活和工作的环境再识别可能的病症。绩效改进顾问是按照相似的方法了解员工的绩效问题的。

一旦了解建立，绩效改进顾问就能够识别出具体问题，然后诊断出原因。医生和顾问的三个关键技能都是解决问题、提出问题和对病人及客户的好态度。

解决问题

解决员工层面的问题可以分为两个阶段：诊断阶段和规范阶段。在诊断阶段，我们通过查看目前数据、进行面谈、分发问卷及观察工作环境的方式收集信息。诊断结果是：

- 鉴别出员工最关键的问题。
- 清楚地确定目前情况与预期情况的差距。
- 制作报告来陈述绩效改进可起到杠杆作用的商机。

我们提出一个宽泛的方式进行诊断：采用多种数据来源，起码要两种不同的数据收集方式。确定管理仅是咨询信息来源的一种，永远将观察作为采用的方法之一。只有在对绩效问题或机会完全了解之后，才可以进入第二个规定的阶段，提出解决方案的建议。下面是对我们建议的数据采集过程的深度探寻。

查看当前已有数据。大多数组织收集大量数据，编制无数报告，收集的内容对他们很重要。机会就在这些你寻找的现有文件的信息里，找寻这些信息的好地方是：

- 年度报告。
- 政府报告。
- 客服报告。
- 生产及质量报告。

- 客户服务中心报告。

如果你对统计数据感到不安，或者财务信息使你感到无趣，请财务经理共进午餐。每个人都愿意与他人分享专业知识，而且让部门主管帮助你了解组织是如何收集和使用信息的会使双方感到高兴。

额外益处：你可以获得非常宝贵的组织资源。你的新朋友会帮助你找出你需要的数据，或者帮你找到一个分析师，这个分析师可以与你一起浏览这些报告，简化你的搜寻。

面谈

无论是一对一的面谈，还是一对多的面谈，面谈的核心是设计问题、捕获答案和产生进一步的讨论分析。我们认为面谈让我们不必掩饰好奇，甚至通过对“八卦”的好奇来获得明智提问的全部收益。在这里我们分享从同事那里学来的最优秀的技术，也分享我们自己的经验与经历。

根据克劳斯·威特昆（Klaus·Wittkuhn）的看法，我们在为收集信息进行的面谈中的诊断式提问用于：

- 建立密切关系。
- 得到信息。
- 发出信息。

的确，最好的面谈是那些内容宽泛的谈话。在谈话中，被面谈者将得到和面谈者一样多的有价值的内容。

唐·托斯蒂采用一种他称为“发现”的方法（托斯蒂，1980），他在和每个人的面谈中使用。他发现这种方法对从客户那里收集信息是非常有价值的。

建立关系。营造一种开放式、分享式氛围。告诉你的客户你为什么在这里、与他见面的目的以及见面需要多长时间。这样的讨论奠定了你与客户关系的基础，并促使双方建立合作关系。

探求。为得到你了解问题和机会所需的信息，这里有三种类型的问题可提供帮助：

- 封闭式问题：用“是（有）”和“不是（没有）”回答。
  - 你有使命陈述吗？
- 开放式问题：将讨论展开，常常以“谁”“什么”“哪里”“什么时候”或“为什么”开始。
  - 问题和机会是什么？
  - 谁是那个有问题的人？
  - 机会在哪里？
  - 问题发生在什么地方？
  - 问题是什么时候发生的？
  - 这个问题是否值得跟踪？
- 探寻式问题：鼓励思考的高效问题在获取核心问题方面也是很有用的。
  - 告诉我正在发生的事情。
  - 告诉我什么事情没有发生。
  - 你认为什么能够解决这个问题或创造机遇？
  - 你希望发生什么？
  - 你们中间谁的表现最好？
  - 如果你在流程中只能确定一位利益相关者，那么他会是谁？

紧紧围绕业务，提出引发思考的问题，如：

- 这个变化对组织意味着什么？
- 这个项目的必然后果是什么？

- 这对员工、工作、工作场所乃至范围更大一些的团队、部门意味着什么?
- 组织内的其他人员是如何描述目前情况的?

发出信息。在这个阶段，提供信息以便帮助被面谈者将重心放到他们可能从未考虑过的问题上。这么做的目的是帮助被面谈者能够开始以一种不同的方式来考虑当前情况，并看看他们是否能够产生新想法、新理解。你可以这样对面谈者说："手机销售代表必须填写一屏又一屏的内容，因此几乎没有时间去去探讨客户的购买准则。现在为弥补这个问题做了些什么？"

结束谈话。这是讨论的最后一部分。这部分的目的是确认下面的步骤和协议是否已经清楚以及增加客户持续跟随的可能性。讨论最重要的结果之一是听到客户说"我很高兴我们一起度过这段时间"，并且表示对将要采取的行动充满信心。

观察

有两种类型的观察可以帮助绩效改进顾问运用他们对客户需求的理解。第一种是观察客户工作，第二种是查看文件或项目工作抽样。要求观察标杆员工和普通员工，你会看到两者在做的事情和不做的事情上的不同之处和相似之处。在观察这些人的时候，你也会看到正在发生什么和没有发生什么。

在开始进行观察的时候，一定要告诉员工、员工主管和经理你观察的目的。要保持清醒，你在这里是学习和了解他们所做的工作以及他们所处的环境。

实际的亲身体验。在我们所知的一些成功的观察中，绩效改进顾问实际上是在亲自做他们想观察到的工作。有一家组织要求绩效改进顾问作为客服代表工作一周。另一个绩效改进顾问和当地警察部门合作，他在周六晚上与巡警一起骑车巡逻以亲身体验社区执法的实际情况。

在我们自己的观察体验中，我们回答了客服中心接到的客户提问，担任类似银行客户接待员的工作，并利用信息技术公司的内部网找出有关员工福利问题的答案。

这些实际观察技术的目的是：

- 查明员工们在执行什么项目，在进行什么活动。
- 跟踪员工执行的工作流程。
- 体验员工的工作条件及环境。
- 查明获得绩效成功所要求的技能、知识及能力。
- 了解执行员工内部及与外部客户如何相互作用。
- 发现员工如何完成所要求的文件。

对人态度。如果你平易近人、易于交谈，那么你的客户及与你面谈的每个人在分享信息时都会感到非常舒服。培养一种“如同医生对病人”的好态度可以加速建立融洽的关系及信息收集。如果其他人对你的能力、信心和组织企业文化感到认同，他们就会信任你。

能力。作为绩效改进顾问，你的能力就是你的“品牌信誉”，这种信誉是通过你对组织的绩效、结果、系统、衡量方式、设计及了解而建立的，是通过你成功地完成了可以看得见的工作而建立的。

自信。你的自信来自你与其他人的轻松互动。有用的策略包括：

- 直呼其他人的名字。
- 用比较容易讨论的话题开始交谈，如天气、家庭、体育或当前时事。
- 用平稳、平静、放松的语气说话。

- 说话时语速要与对方相匹配。
- 对其他人的成绩表示欣赏和认可。
- 在合适的时候，与别人要有眼神交流并面带微笑。
- 通过提问来表示你对他人的业务感兴趣。
- 描述你可以如何帮助解决问题或使机遇最大化。

有用的模型与工具

尽管具备技能、经验和个人魅力，但你在绩效改进领域的专业公信力和成功来自你的知识——能进一步扩展对客户问题和机会了解的模型及工具。我们在这里与你分享我们认为最好的三个模型与工具：整体绩效系统、绩效示意图和“冰山一角”。

整体绩效系统

如第 1 章绩效技术概况中所述，绩效技术的第二个原则是系统思考。每个组织都是一个系统，了解整个绩效系统的组成部分以及组成部分如何相互作用是优秀绩效咨询的一个关键，因为系统中任何一部分的变化最终都会影响到所有其他部分。

有两种对组织的看法可能对你有益。一种看法来自传统的组织结构图，从功能的角度出发；另一种看法来自系统化观点，系统化观点是一种高效的方式，可以用来鉴定关键指标、相关性、变化及特征。

如第 1 章绩效技术概况中的定义，绩效是行动加结果。只有在这两个条件都满足时，才会有绩效。我们使用整体绩效系统来了解客户组织内的绩效组成部分并详细说明产生的结果。表 2.1 是系统化组成部分的一种方法。重温表格里每部分的定义，参考适当的例子作为指南，列出客户组织的特征。

表 2.1　整体绩效系统

元　素	定　义	例　子
接受者	任何一个接受或受到绩效系统结果影响的人 利益相关者	客户、股东、股民、患者、董事会、投资者
结果	成绩、后果、产出	市场份额的增加，利润增加，日常管理费增加
产出	流程所传递的，包括服务、产品、计划、创意理念、由流程产生的附加值	发出的产品、治愈的患者、创造的创新产品、支付的款项、出售的产品、满意的客户、实现的目标
流程	工作方法、处理输入数据的系统、产生至少一个接受者重视的产品	工作流程（订单履行）、工作程序（电话销售）、个人工作习惯（如何包装纸箱）
输入	启动流程的元素或启动流程所用的元素；工作流程的启动物料或来源	信息、技术、人员、资金、设备及供应、销售及生产目标、销售订单、运送车辆、客服电话、投诉
条件/商业环境	工作发生地的环境，包括组织内以及市场的物质条件、商业条件	经济状况、政府规定、市场、时尚与趋势、环境
绩效反馈	员工、工作小组或用于指导绩效流程的绩效信息，管理系统，有关用来维持绩效体系有效运行的产品质量（速度、精确性、风格等）信息	绩效评估、不符合标准的产品、表扬与投诉、最佳范例的基准点
价值反馈	有关客户及其他外部来源的指导绩效的信息；价值或益处——对客户、业主或任何一位受到绩效系统结果影响的人来说，有价值的结果是什么	市场份额是加大了还是减少了；客户投诉多了还是少了；投票人是否改变了政党或候选人；订阅者是否续订或取消；粉丝们加入进来还是不再关心

续表

元　素	定　义	例　子
企业及地区文化	组织的管理风格、实践和标准，人们喜欢的行为方式，我们的做事方式，人们的文化及行为	人们说出他们的想法；人们不说出自己的想法；人们寻找并指出别人的错误；人们交谈、大笑、开玩笑；人们在采取新行动之前准备、精心制作文档；除非被要求，否则不与不同部门、不同级别的人交谈

资料来源：黛尔·布莱泽沃尔（Dale Brethower）、吉尔里·鲁姆勒和唐纳德·托斯蒂的著作。

我们喜欢整体绩效系统，因为在对该环境下产生绩效的活动及结果的认识进行梳理时，系统帮助我们归纳整理获得的组织信息。我们发现这个模型具有可扩展性，对一个全球性组织和对一个区域、一个部门都一样有效。

绩效示意图

在最初接触需求者时，我们发现可以提高绩效改进成功的可能性。作为一个特别有用的工具，绩效示意图（见图 2.1）帮助客户从最初要求培训解决方案到明白为什么绩效解决方案可能更有效。

图 2.1 可帮助你判断与绩效有关的问题。无论是解决问题还是创造机遇，简单的网格式绩效示意图可以相对容易地向那些经常拿笔做笔记并积极参与了解示意图的经理们进行解释。（爱迪生和海格，2006，第 44 页）

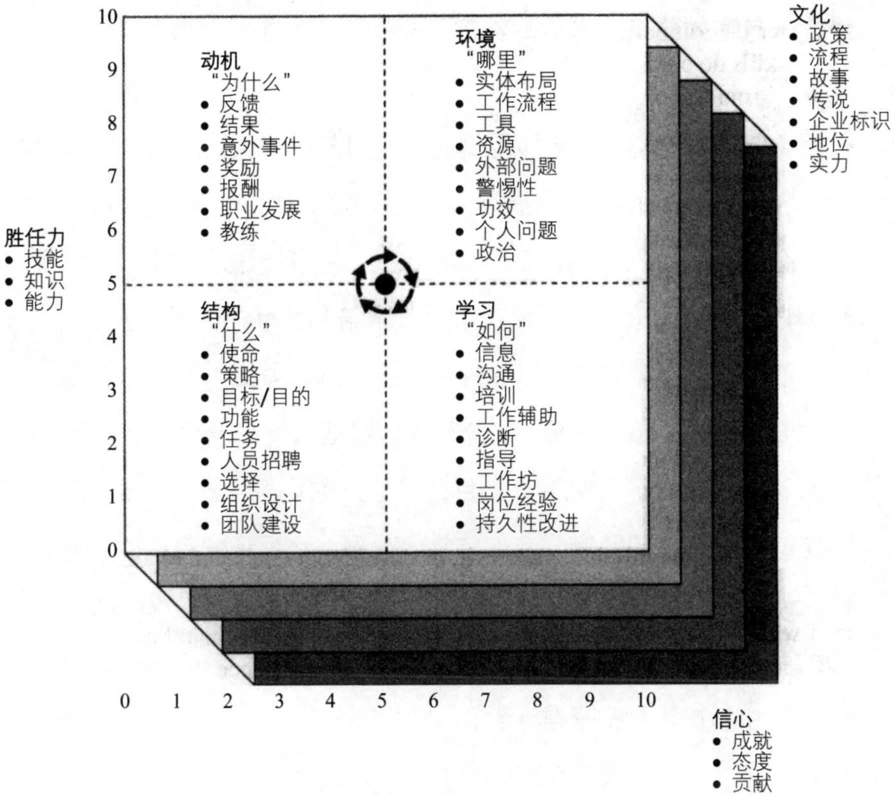

图 2.1　绩效示意图

资料来源：爱迪生和海格（2006），《人类绩效技术手册》（第 3 版），（第 35~54 页）。

四个关键的象限是：

- 结构——组织的基础。
- 动机——情绪、心愿、鼓动/刺激行为的心理需求。
- 环境——影响组织成长和发展的外部及内部环境。
- 学习——某一指定领域员工熟练程度的提高。

垂直方向轴线指示的是员工的能力，分为 11 个级别，0 分（最低）到 10 分（最高）；而水平方向轴线指示的是员工对其所做工作的信心程度，分为 11 个级别，0 分（最低）到 10 分（最高）级。

绩效示意图的使用。当你与经理一起确认了某个或某些员工有绩效问题，请按下列步骤做。

- 采用问问题的方法，帮助经理判定员工的工作能力，比如，可以问“完成这项工作的员工需要具备什么技能”。让你的客户对确认的员工评级，从0分（无技能/知识）到10分（技能高/知识广）进行选择。
- 通过寻找一些成功、行为、态度、承诺和贡献的例子来判定员工的信心程度。你可以问“请你告诉我员工对这项工作的基本态度”。再次要求经理给员工评分。0分意味着经理对员工没有信心，而10分意味着经理对员工有百分之百的信心。你可能注意到，当向执行员工问同样这些问题时，我们常常会得到与经理评分相反的回答。
- 在网格中把能力和信心根据分数做上标记，然后分别做水平和垂直的两条线。
- 水平和垂直线相交于某个象限中的某个点。这将帮助你诊断组织存在问题与机会的最常见区域，并且开出有效的解决方案处方。例如，如果判断是结构缺陷，你可能采取的行动包括重新审视使命陈述，或者为个人、小组制定目标和目的。其他象限会建议其他的解决方案。
- 无论问题出现在哪个象限里，在寻找解决方案时，你一定要考虑其他三个象限。要记住，你是在一个整体绩效系统里操作，而针对某个象限的行动会影响其他象限。特别是当你判断绩效问题的根源在学习象限时，这点尤为重要。如果经理对员工有信心（绩效表现很好），但他需要技能和知识，你会希望为其成功创造环境，这样员工就可高水平地保持其绩效表现。
- 最后一点，当确定解决方案能够保证你的处方有用且没有不想要的副作用时，你要考虑组织的企业文化。在组织日常工作中，极少因

> 素可以像企业文化那样有影响力。如果忽视企业文化的强大力量，你将承担风险。根据经验，我们知道绩效改进建议及实施计划都必须与企业文化相兼容，否则这些建议和计划都将被破坏。而当策略与文化相碰时，文化总是获胜。

如同整体绩效系统模型，绩效示意图具有可扩展性，比如，它使得涉及一位员工或整个工作组的绩效问题显现出来。

“冰山一角”

第三个工具提醒我们整合绩效改进方案与组织绩效系统中所有相关部分的重要性。冰山一角（见图 2.2）是一个隐喻，它比喻了当我们从一个假设的解决方案开始时，这个方案在错误的路上可以走多远。而当其达到顶峰时，便对组织构成了灾难，因为我们忽视了冰山下面的冰层。（爱迪生和海格， 2006，第 46 页）

组织层面。“冰山一角”鼓励我们从组织基础层面开始工作，从审视企业文化开始，这样我们就可了解组织的操作标准［卡尔顿（Carleton）和莱恩伯里（Lineberry），2004］。有了这种认知，我们可以更有效地进行分析、诊断并开出绩效改进解决方案的处方，这个处方将处理已经确定的问题并与组织的业务实践相吻合。了解环境形势就可以避免费时费钱的差错，对使用我们之前介绍的绩效示意图，文化的审视同样也是有价值的先行步骤。如果不了解组织的企业文化，提出并实施与组织业务相一致的建议是很困难的。

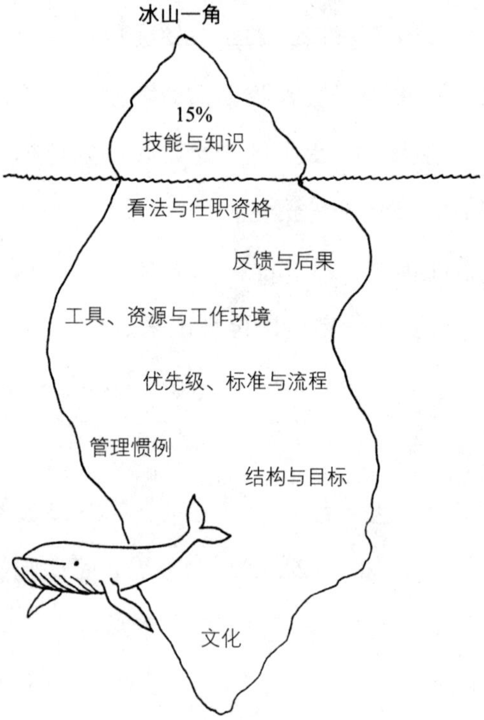

图 2.2　冰山一角

资料来源：改编自哈蒙（Harmon），1984。

结构与目标。从下往上，按照模型，我们收集结构与目标的信息，如组织结构图及使命、愿景、价值观等基础要素。

管理惯例。接下来我们探讨典型的管理惯例。这些管理惯例当然与文化有关，并让我们知晓组织的惯例和最佳实践。这些帮助我们了解在管理绩效里最有价值的内容并告诉我们如何与客户及目前的发现互动。

优先级、标准与流程。在考虑优先级、标准和流程时，我们缩小焦点到工作层面。我们感兴趣的是任务执行时的工作流程、对接及各工作小组之间的关系与联系。

工具、资源与工作环境。为获得成功，员工寻求以工具、资源及工作环境为形式的支持。我们希望了解这些以保证员工具备了他们有效完成工作之所需。

反馈与后果。当然，员工需要知道他们做得如何，因此，我们接下来要审视用于反馈和后果的系统。没有反馈与后果，员工就被剥夺了知晓有关他们工作质量与数量的关键信息，这样员工执行工作的积极性就受到了打击和破坏。

看法与任职资格。最后，我们来到员工层面，在这个层面我们探索组织寻找、挑选员工的看法与任职资格。那么这些是不是与冰山中描述的其他所有方面一致呢？如果不一致，识别这种断层会对问题及其可能的解决方案产生有价值的线索。

技能与知识。现在我们来到技能与知识的冰山一角，许多客户从这里开始请求绩效改进顾问给予帮助。学习与能力构建在此处发生，这也是在员工不知道如何履职的情况下采取的至关重要的干预措施。组织应提供这方面的活动使新员工确定方向，或者介绍新产品和服务、系统、设备或其他创新点。如图 2.2 所示，对其他任何情况，绩效问题是另一个层面，解决方案将在附近找到。

其他模型和工具

对绩效改进顾问来说，还有许多模型和工具可用，我们提供的是我们多年来感到有用的模型、工具中的一些例子，但并不包括所有。这些模型和工具让我们看到了组织的一个侧面，然而，不论这些模型和工具多么合适，但如果和组织的业务没有重要联系的话，那么这些模型和工具对我们和客户就是无用的。有个同事维特库尔（Wittkuhn, 2004）提醒我们，知道模型告诉我们的，同时也要知道模型没有告诉我们的，因为一旦选择了某个模型，我们就可能对项目的结果存在偏见。

人类绩效系统的问题纠错系统

我们发现在员工层面为绩效问题和机会把脉问诊的另一个有用工具是人类绩效系统纠错的工作辅助（见图 2.3）。在这里，吉尔里·鲁姆勒确定了对绩效问题进行诊断时要考虑的六个区域：绩效说明、任务支持、后果、反馈、个人能力及知识和技能。

绩效说明。辨别员工的期望是什么：

- 辨别并设定清楚的绩效标准。
- 检查并确认执行者知晓预期绩效和绩效标准。
- 询问执行者是否可以达到标准。

任务支持。确认员工具有执行工作的工具和资源。要确认：

- 执行者可以很容易地识别所要求的行动。
- 每项任务可在不受其他任务干扰的情况下完成。
- 工作程序和工作流程合乎逻辑，条理清楚。
- 执行者可得到所有工具和资源，包括时间、设备、人员及信息。

后果。所有工作都有积极正面的结果，也有消极负面的结果。执行的结果是指所有发生在执行者身上的事情。后果发生在结果之后并产出成果。我们看到许多经理忽视或未能与员工就工作做得好与不好的后果进行交流。如果员工工作做得好，往往被分配更多的工作，如果做得不好，工作往往被交给另一个已知能胜任的员工来高质量地完成。有些事情很重要：

- 设计后果支持预期绩效。

- 使后果对执行者有意义。
- 确保工作结束后能立即产生后果。

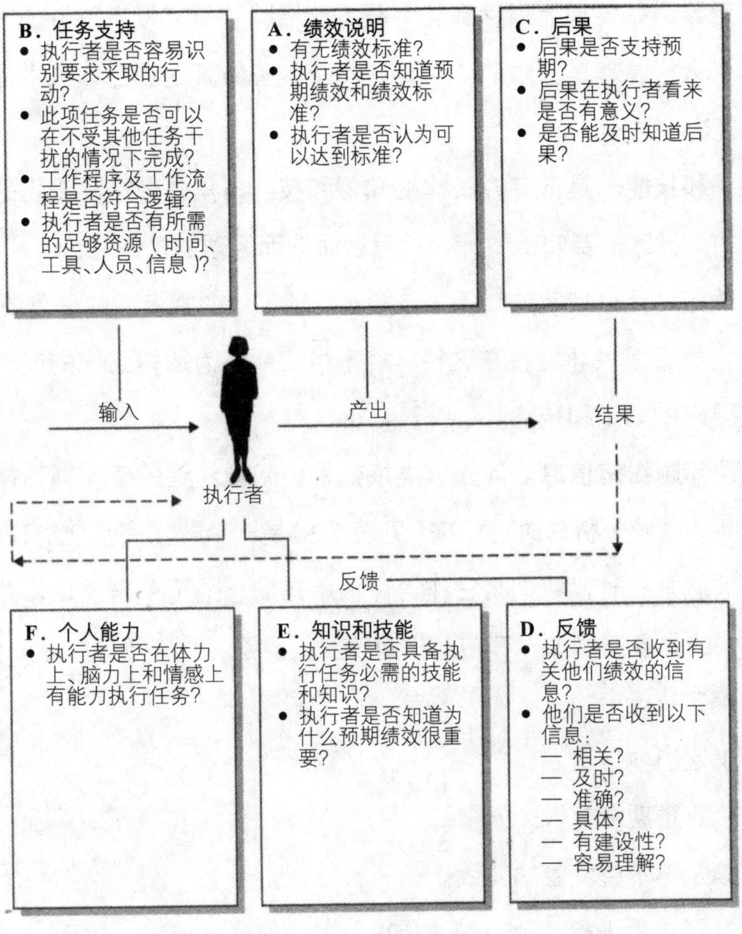

图 2.3　人类绩效系统问题纠错系统的工作辅助

资料来源：吉尔里·鲁姆勒和绩效设计实验室，经允许使用。

反馈。我们都知道反馈很重要，但许多经理似乎总是忽视这点。反馈提供了员工工作绩效的有价值的信息，并对其今后绩效有指导作用。

- 为员工提供绩效反馈。

- 保证反馈的及时、相关、准确、有建设性及对执行工作的具体性。

个人能力。能力是指圆满地执行或完成某项任务的能力，包括天赋和才能。例如，如果为提供优秀客户服务而招聘的员工没有很好的人际交往能力，那么招聘就是失败的。要确认员工具备做好这项工作的身体、智力及情感能力。

知识和技能。具备完成工作的知识和技能与具备做这项工作的能力是有差别的。员工需要知道做什么和怎么做。而经理的责任是：

- 确定为什么特定的知识和技能对一项工作的圆满完成是重要的。
- 为员工提供环境，在这种环境下员工能够为取得工作的成功运用所要求的知识和技能。

整理问题纠错信息。伴随人类绩效系统问题纠错的工作辅助，我们发现人类绩效系统分析与改进指南（见表 2.2）是一个非常有价值的辅助工具。当进入信息分析时，我们将它作为评估所知信息的清单来使用，并随时将我们得到的更多信息加入其中。指南使我们能够：

- 确定执行者。
- 确定当前情况。
- 确定预期绩效。
- 确定不希望发生的绩效。
- 重新查看人类绩效系统（HPS）组成部分：产出、输入、后果、反馈、执行者，以及理想的人类绩效系统的特点。
- 回答每个纠错问题，如果答案是肯定的，进行下一个问题；如果是否定的，采用什么行动来得到肯定的答案？你还需要什么其他信息？
- 比较人类绩效系统改进措施和接下来的步骤。

解决方案：员工层面的典型实例

一旦诊断出问题，那么就该是确定合适的解决方案的时候了。当进行员工或个人层面的工作时，将培训作为解决方案是很有诱惑力的。毕竟如果一个人的绩效未能达到标准，肯定是这个人不知道如何做。虽然这是事实，但由于缺少经验，任务执行者可能需要特定技能。但正像我们所看到的，绩效需要改进的原因有多种。因此，我们更有可能提出“一系列解决方案”的建议，其中包括培训。员工层面的典型解决方案为：

- 设定预期。
- 反馈系统。
- 奖励及后果。
- 工作辅助。
- 电子绩效支持系统。
- 辅导与指导。
- 信息及交流系统。
- 诊断和工作坊。
- 工作实践经验。

表 2.2　人类绩效系统分析与改进指南

		人类绩效系统组成部分	理想的人类绩效系统的特点	人类绩效系统纠错的问题与答案：问题	是	不是	?	人类绩效系统改进行动
预期绩效	非希望得到的绩效	产出	用于判断成功绩效的足够而合适的标准	A．绩效说明				
				1．有无绩效标准？（如果有，请完成 2 和 3）				
				2．执行者是否知道预期绩效和绩效标准				
				3．执行者是否认为可以达到标准				
		输入	1．实施任务所需的清楚、可以充分识别的标志 2．尽可能少的不兼容或没有关联的要求 3．执行任务的必要资源（预算、人员、设备）	B．任务支持				
				1．执行者是否容易识别要求采取的行动				
				2．此项任务是否可以在不受到其他任务干扰的情况下完成				
				3．工作程序和工作流程是否符合逻辑				
				4．执行者是否有所需的足够资源（时间、工具、人员、信息）				
		后果	1．执行任务的足够积极后果（奖励措施） 2．执行任务的极少（如果有的话）负面后果（非奖励措施）	C．后果				
				1．后果是否支持预期绩效（如果是，请完成 2 和 3）				
				2．后果在执行者看来是否有意义				
				3．是否能及时知道后果				

续表

		人类绩效系统组成部分	理想的人类绩效系统的特点	人类绩效系统纠错的问题与答案：问题	是	不是	?	人类绩效系统改进行动
执行者	形势与输入	反馈	对正在进行的任务执行情况好与坏的经常、切题的反馈	D．反馈				
				1．执行者是否收到有关他们绩效的信息（如果是，完成2）				
				2．他们收到的信息： a．是否相关				
				b．是否及时				
				c．是否准确				
				d．是否具体				
				e．是否有建设性				
				f．是否容易理解				
		执行者	1．具备执行任务必要的理解和技能 2．具备执行的体力及脑力 3．执行工作任务的愿望（考虑奖励措施到位）	E．知识和技能				
				1．执行者是否具备执行任务必需的技能和知识				
				2．执行者是否知道为什么预期绩效很重要				
				F．个人能力				
				1．执行者是否在体力上、脑力上和情感上有能力执行任务				

资料来源：吉尔里·鲁姆勒和绩效设计研究室。经允许使用。

评估

无论我们使用什么模型和工具，经验丰富的绩效改进顾问将其工作放在关键业务目标、需求或方案的大背景下进行，并且很明显地将其做的工作与一个或全部背景捆绑在一起。

确认业务需求

我们从客户那里了解什么是关键业务、流程或个人问题的关切点，以及改进后的绩效如何影响被客户认为最重要的问题，我们从这些问题入手，同时时刻牢记最终目标。客户对此也很重视，在一项业务开始时就调动这些因素，是绩效改进成功的一个特点。有个同事做每个项目时都要先确认相关业务要求，然后放置在桌子上，在项目全过程中时刻提醒自己（2014年与莱思的一次谈话）。

评估计划

在业务需求得到确认后，我们将工作推进到绩效改进项目，为我们将在什么时候评估什么制订计划。提前制订计划是顺利做出评估的关键。大量的从业人员会一直等到项目完成后再寻找基线信息来与结果做比较，然后，他们试图评估这些结果，但发现在项目完成后做评估几乎是不可能的。

评估解决方案的最佳时间是在你和你的客户就采取的行动达成一致的时候，有经验的绩效改进顾问设计评估的目的是：

- 展示解决方案将消除确认的绩效差距。
- 与业务需求有关。
- 对与绩效问题有利益关系的所有团队都有价值和意义。

- 比较结果与项目启动时收集的基线信息。

形成性评估。成功的绩效改进项目通常在项目计划书中包括形成性评估。明智的绩效改进顾问往往在每个转折点评估他们的项目——这是一种惯例，可以使每个人都不偏离方向，并帮助及早确认所需修正，这样就可以在额外支出发生前做出修正。

总结性评估。这是决定一个解决方案是否被实施、修改或中断的评估。这项评估通常是在试用结束后或在实施了有限的一段时间后进行。这标志着“继续进行还是不再继续”的决策点。

投入回报。最后，我们希望为客户提供有意义的措施来说明组织为改进绩效所做出的投入是有成效的。如果我们能准确地认定组织层面的关键业务问题（鲁姆勒，2004）、员工或个人层面的关键工作问题或工作、流程层面的关键程序问题，那么我们就具备了衡量成功的必要指标。

应用练习

现在你可以试着做练习。选择以下的模型或工具并绘制示意图。

如果……	那么……
你需要对企业全景有一个清晰的视野	创建一个整体绩效系统（表 2.1）
你希望让你的管理层和客户参与绩效改进过程	将他们带进绩效示意图（图 2.1）
你需要对人类绩效系统进行纠错	使用纠错系统的工作辅助（图 2.3）

结论

员工层面仅仅是组织绩效系统三个层面中的一个，该层面常常是许多绩效改进顾问开始其职业生涯的地方。流行的做法是采用情境法解决绩效问题。也就是说，组织中的一些事件引发了需要。这种需要或请求往往包括针对一个问题或机会提出的解决方案。比如，如果工作中背部受伤的数量在增加，客户也许会要求进行“安全提起重物的工作坊”。而我们的方法是首先观察正在发生什么，然后稍加分析进行诊断。我们常常在组织的不同层面发现同样问题的一些方面。由于这个原因，我们赞成综合方式解决问题并将组织机会最大化。我们在这里展示的模型和工具既可以用来发现问题也可以用来建立绩效系统。在第 3 章——流程与惯例：工作层面，我们将探讨组织的第二个层面。

下一步去哪里

希望了解……	前往……
流程与惯例：工作层面	第3章
流程	
关键流程问题	
惯例	
绘图——使其有形化	
工作场所：组织层面	第4章
将组织用图形表示	
关键的业务问题	
问题的解决：保持一致	
提出解决方案	
实施	
相关管理惯例	
模型与工具	
实施：将绩效与组织整合	第5章
什么是实施	
情景式与系统化	
失败与成功	
坚持到底	
模型与工具	
我们做什么	第6章
系统化方法	
项目管理	
模型与工具	
关注未来：观察趋势	第7章
影响客户的趋势	
自然资源	
技术	
经济	
绩效改进	
规划你的路线图	第8章
员工/个人	
工作/流程	
工作场所/组织	

作者精选读物

以下是我们向读者推荐的书籍，你们可能会喜欢。

书籍

Brethower, D.M. (2007). *Performance analysis.* Amherst, MA: HRD Press.

Brethower, D., & Smalley, K. (1998). *Performance-based instruction: Linking training to business results.* San Francisco, CA: Pfeiffer.

Brinkerhoff, O. (2003). *The success case method: Find out quickly what's working and what's not.* San Francisco, CA: Berrett-Koehler.

Broad, M.L. (2005). *Beyond transfer of training: Engaging systems to improve performance.* San Francisco, CA: Pfeiffer.

Gilbert, T F. (2007). *Human competence: Engineering worthy performance.* San Francisco: Pfeiffer.

Harless, J.H. (1970). *An ounce of analysis: Is worth a pound of objectives.* Newnan, GA: Harless Performance Guild.

Langdon, D.G. (1998). *The new language of work.* Amherst, MA: HRD Press.

Langdon, D.G. (2000). *Aligning performance: Improving people, systems, and organizations.* San Francisco, CA: Pfeiffer.

Mager, R.F. (1997). *Analyzing performance problems: Or, you really oughta wanna—How to figure out why people aren't doing what they should be, and what to do about it* (3rd ed.). Atlanta, GA: Center For Effective Performance.

Mager, R.F. (1999). *What every manager should know about training: An insider's guide to getting your money's worth from training* (2nd ed.). Atlanta, GA: CEP Press.

Rossett, A., (1998). *First things fast: A handbook for performance analysis.* San Francisco, CA: Pfeiffer.

Stolovitch, H.D., & Keeps, E.J. (2004). *Training ain't performance.* Alexandria, VA: American Society for Training and Development.

Van Tiem, D., Moseley, J., & Dessinge, J.C. (2000). *Fundamentals of performance technology: A guide to improving people, process, and performance.* Silver Spring, MD: International Society for Performance Improvement.

第 3 章

流程与惯例：工作层面

一家全国性保险公司就其下属各办事处 300 名客服经理的业绩下滑召开会议。会议开始时，参加会议的利益相关者认为客服经理业绩下滑是因为缺乏技能与知识，于是要求提供培训。但会议结束时他们对此则不太确定。表现的问题是客服经理业绩下滑，但在问题的讨论中，一些和技能、知识无关的关注点却浮出水面。

参加会议的两位绩效改进顾问为进一步了解问题默默地收集了相关信息，结果并不令人吃惊，客服经理负责的工作出现了一些问题。例如，某项低级任务应该由入门级别的员工承担，但由于各办事处人手紧缺，于是许多客服经理便亲自做这些工作，因为他们觉得这样比指导一个员工如何做更快。

非常典型的例子，如当查询一笔未付的保单款或比较几种投保单的覆盖范围时，客服经理负责客户服务调查研究。在最近几年中，类似这类事情的操作流程不再由公司设在各地的办事处处理，而是集中到区域处理中心以便提供更快捷的结果并获得规模效益。就各办事处所担当的任务，处理中心与办事处有服务水平协议（SLAs），但处理中心常常超过最后时间期限。于是许多客服经理就要面对愤怒的客户，因为处理中心进行的调查研究比办事处进行花费的时间要长。处于失望状态的客服经理们于是进行重复调查研究，目的就是更好地为他们的客户提供服务。

客服经理大量加班，做一些其实应由基层员工做的简单工作，以客服的名义重复复杂的调查研究工作。他们在努力填补人员空缺的同时还要拼命完成自己的工作。难怪这些客服经理筋疲力尽，由于压力太大而延长病假时间。

两位绩效改进顾问与利益相关者们达成一致，对这种情况进行一次全面的分析，焦点放在工作、流程和惯例问题上。他们把这个项目起名为“健康服务”，并开始为分析制订计划。

他们将在会上获得的所有问题列了一个清单。

- 重复办事处和处理中心的调查研究工作。
- 客服经理长时间加班工作。
- 一些客服经理由于精神压力而请假。
- 大量客户投诉。

绩效改进顾问进一步设想客服经理遇到了大量的业务干扰，因为他们在完成其正常本职工作之外还要做太多的其他工作。他们确定处理中心没有能力满足众多服务水平协议（SLA），而服务水平协议被认为是关键的流程问题，这个流程问题是客服经理们所面临的其他困难的潜在驱动力。

绩效改进顾问选择的下一步是用图表描绘办事处和处理中心，他们希望显示这两类组织的工作在哪些地方是交叉的，并了解其人员配置和管理。最后，绩效改进顾问做了一个数据回顾并访问办事处和处理中心的计划，以得到第一手信息并亲自观察工作流程和惯例。他们认为综合这些活动可以对客服经理面临的问题有一个完整而全面的理解。

技术综述

在工作层面，绩效改进顾问采用画图形式说明工作如何进行并确定提供支持的工作惯例。与客户及同事合作，我们用这些图使工作流程及实践一目了然。在这个层面，我们与内容专家及执行这项工作的人员合作。我们观察在工作环境中工作的员工，我们也观察他们是如何完成任务的，如何与一起工作的同事及客户相互作用，如何使用工具与资源及如何解决问题。

利用得到的有关员工的情况也是很重要的（见第 2 章）。

- 预期的绩效。
- 到位的反馈系统。
- 提供的奖励。
- 绩效表现好与坏的后果。
- 需要的技能及知识。
- 工作胜任度。

工作场所的环境和文化都要考虑（见第 4 章）。

流程及惯例层面出现绩效问题的信号

表明流程及惯例层面出现绩效问题的信号包括：

- 产品和服务需很长时间才能交付客户。
- 客户和员工的投诉、抱怨。
- 过多的加班。

- 生产瓶颈。
- 流程延迟。
- 活动的重复。
- 工作返工。
- 备份后援系统失败或不到位。
- 自动化过程的人工验证。
- 任务干扰。
- 高人员流失率。
- 事故增加。
- 违反安全规定。
- 不按流程行事。

寻找这些线索可以引导你发现流程和惯例中的工作问题。

方法

我们已经发现观察能力对绩效改进顾问是至关重要的。如果你可以花些时间亲自做你正在调查的事情，那么越多越好。你可能被怂恿从而与员工或其主管进行面谈，或者重新查看此项工作说明，并假设你已经对工作蕴含的意义有了了解。然而我们提醒你要注意方法的局限性。当你向人们询问其工作情况时，他们告诉你的往往是他们对工作的认识或他们是如何被告知的。而当你观察他们如何工作时，你看到的是他们正在做什么，听到的是他们正在说什么——流程和惯例。将对工作的研究与观察到的执行现状相结合会帮助你确定这项工作的关键流程和惯例。

在继续之前，让我们考虑一下你可能想到的流程和惯例方面的问题：

- 流程是什么？
- 关键的流程问题是什么？
- 惯例是什么？

流程

流程是指一系列行动或“一系列将特定输入转变为预期产出的有计划活动”。（鲁姆勒，2004，第 167 页）进一步讲，流程就是组织某项工作的构想与技巧。因此：

- 它可以有效、高效地进行。
- 它提供了潜在的竞争优势。
- 它可以被有效衡量。（鲁姆勒，2005）

在大多数组织内有两种流程：一种是支持人力资源和财务这些部门的流程，另一种则是支持一些在某种程度上涉及客户的关键流程，如销售、运送、交付或计费等。

关键的流程问题

一个关键的流程问题是“与某个特定流程性能有关的问题与机会。例子包括‘新产品进入市场所需时间过长’和‘客户满意度随着时间的推移而不断下降’。这些关键的流程问题之后会细化成目前情况与预期效果之间的具体差距”。（鲁姆勒，2004，第 163 页）

惯例

对于绩效改进顾问来说，惯例是指行为的各种模式，而且经常表现出组织的价值观方面，我们把它看作组织文化的一部分。多少年来，我们中许多有工程学和行为学背景的人发现很难描述和观察组织文化这一概念。一直到 20 世纪 80 年代，组织文化都没有标准定义。文化通常是指其国家性质而非组织性质。

1983 年，《财富》杂志的一篇文章提出了“文化是共同价值观（这点很重要）和共同信念（事情如何运作），这种文化与组织的结构及控制系统相互作用，从而产生行为规范（我们做事的方法）”。（乌塔尔，1983，第 29 页）

于是，IBM 等公司开始用它们自己的语言定义文化：

> “商业惯例是指那些很少记录在案的但能够推动人们去做的行为。它们是行为和行动模式——惯性制导系统，可以说是一种在整个组织内共享的模式。这种模式也常常会由某人向新员工介绍组织情况时传达。”

这种惯例可观察、可衡量、可比较。流程与惯例分析及解决方案必须提及关键的流程和惯例问题，也必须提及辅助性支持流程和辅助性支持惯例。在第 2 章，我们介绍了冰山一角模式（见图 2.2），并建议进行文化尽职调查。对于这种调查，可参考一本书《实现合并后的成功》（*Achieving Post-Merger Success*）。（卡尔顿和莱思伯里，2004）

视图：视觉化

在进入新区域之前，了解一下我们将涉足的该区域的图形是有帮助的。图形是一种视觉再现，可用来说明内在相互关系并帮助我们周旋于谁、做什么、为什么做、如何做以及企业之间。组织结构图（见图 3.1）是最常见的组织图，这张图向我们展示了“谁”及汇报请示关系。然而，这张图却没有说明组织力量与权力存在于何处，而且这张图省去了客户部分。

图 3.1　组织结构图

我们只有在对图形内容进行精练确认后，才开始了解企业的面貌。在本章，我们将给大家分享一些图形，这些图形会帮助我们了解组织分布情况。对企业“侦探师”，这些图形为绩效问题提供线索；对企业架构师，这些图形则为新流程和新惯例建议提供了帮助。

文化图

文化图是组织的社会系统主要元素的综述。这对绩效改进侦查是有价值的信息，因为文化处于所有社会系统的中心。[格哈拉杰达基 (Gharajedaghi), 1999，第 16 页] 文化图描绘了企业组织的外貌——企业是什么样子的，这样我们可以了解企业的大环境。文化图标明了可见的标志，帮助不清晰的区域变得明显。完整的文化图会着眼于组织运营及文化两方面。表 3.1 显示了文化要素 (见第 4 章)。

表 3.1　文化图要素

文化要素	将你的发现以文字或图形的方式填写在这里
组织总愿景、使命、策略、价值观、信念以及管理惯例是什么	
预期结果是什么	
以下各项与从业人士的关系是什么 • 联盟 • 联合会 • 驱动力	
权力与地位在组织内是如何被认可的 • 组织构架是从上往下，还是从下往上 • 任务是如何分配的	
• 组织内有什么联盟与联合会 • 它们的驱动力是什么	
如何向员工传达政策与规程	
支持组织的沟通系统是什么	
支持组织的正式及非正式的激励系统是什么	
企业标识及品牌标识是什么	
实际工作场所看上去怎么样	
公司员工、工作及工作场所有什么故事或传说 • 这些故事和传说是如何用来推进绩效的	

为取得最好的结果，当因完成文化图而收集信息时，要让外部顾问与内部绩效改进顾问一起工作。这张图的作用在于展示了整个组织的概况和架构，说明了各种关系并让绩效改进顾问看到事情是如何进行的。在第 4 章，我们将剖析组织的文化及其政治方面，以及力量和影响力间的关系。

总而言之，如同组织惯例或称通常做法，文化惯例是文化方面的产物。也就是说，如果通过成本效益好的基本物质产品和服务的生产为小组（或客户组织）的存在做出贡献的话，这种文化实践更容易让人容忍。[马洛特（Malott），2003，第 29 页]

流程图

1921 年，弗兰克・吉尔布雷斯（Frank Gilbreth）向我们介绍了流程图。这些图首先尝试寻找最有效的方法来完成任务。一个流程图是一张图片或一张图表，代表流程中的要素。吉尔布雷斯最著名的一些著作中谈及了砌砖工作，仔细观察一位砌砖工人的工作，吉尔布雷特能将砌砖的所需步骤从八个减少到五个，提高了生产力而降低了劳动强度。

流程图帮助我们将工作流程形象化、可视化，并容易识别出其中的缺陷，同时也帮助我们简化工作。为使程序更加清楚，在流程图中使用了一系列标准符号（见图 3.2）。

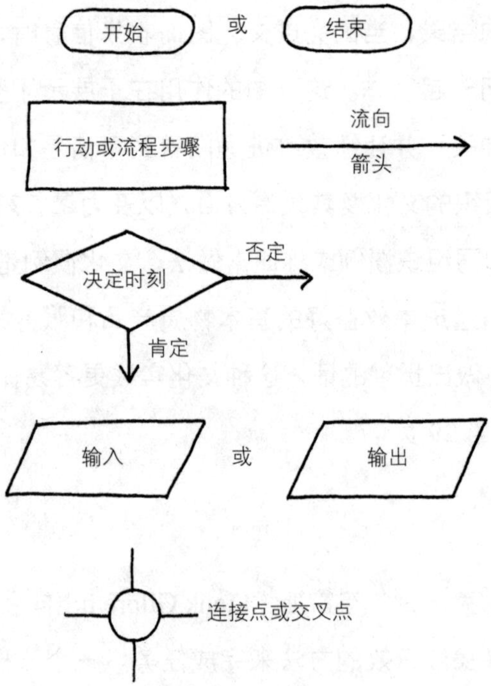

图 3.2 流程标准符号

制作流程图：

- 通过观察、提问及体验收集信息（更多观察信息，见本章第 1 部分及第 2 章）。
- 制作流程草图。
- 与专家一起商讨流程。
- 如需要，进行修改。
- 完成最终的流程图。

图 3.3 列举了一个简单的流程图。

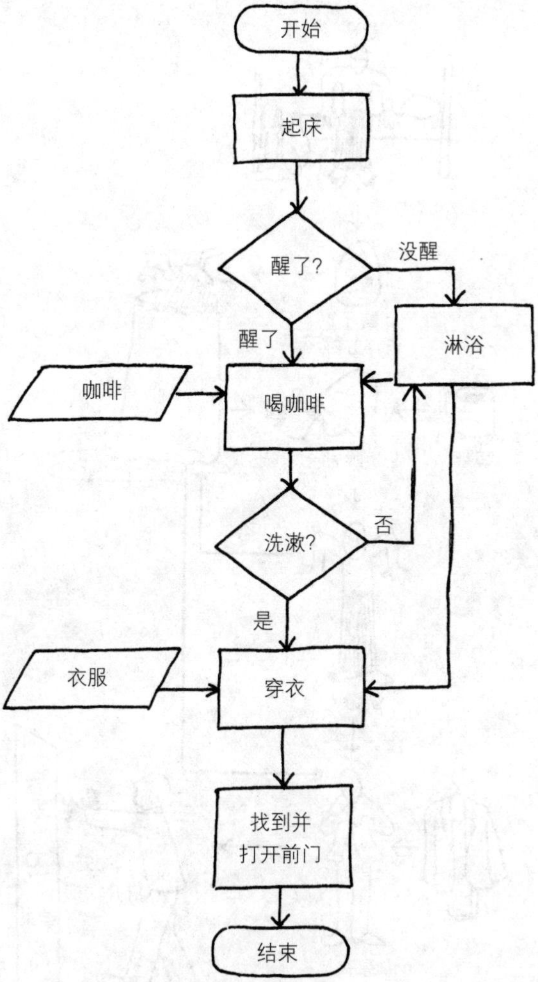

图 3.3　简单的流程图

图 3.4 展示了流程图的另一种形式。

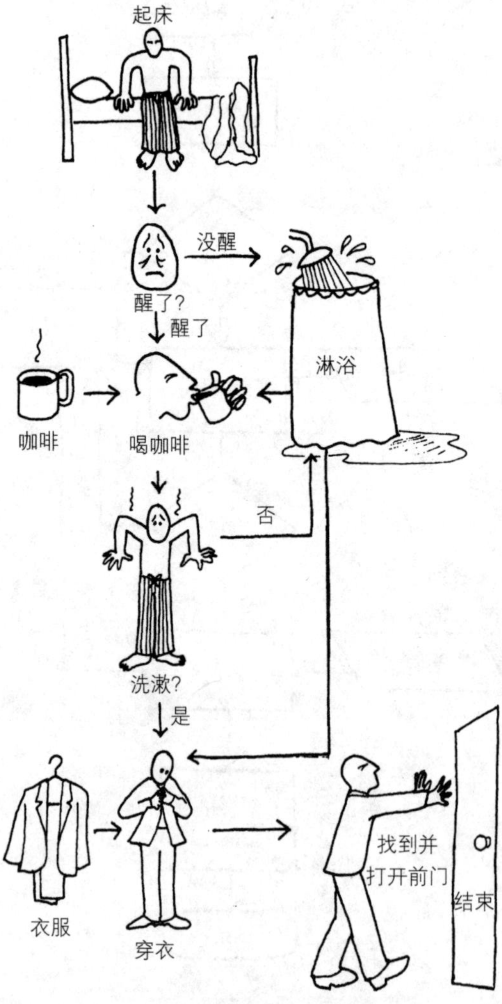

图 3.4　流程图的另一种形式

市场上有许多工具可以帮助你制作流程图。微软办公软件的参考工具中就有一组符号，你可以用来制作流程图。你可以用 Word 版及 PPT 版来制作流程图（http://office.microsoft.com/en - us/word/HA010552661033.aspx）。亚马逊公司也有 300 多种用于制作流程图的资源，还有许多可以用来开发流程图的软件程序。一些网址如下：

- Mind Tools: http:// www.mindtools.com
- RFFlow: http://www.rff.com
- SmartDraw: http:// www.smartdraw.com
- Systems2win: http://systems2win.com
- OmniGraffle: http://www.omnigroup.com/applications/OmniGraffle

时间与行为工作流程图

时间与行为工作流程图将弗雷德里克·泰勒（Frederick Taylor）、弗兰克·吉尔布雷斯（Frank Gilbreth）和莉莲·吉尔布雷斯（Lillian Gilbreth）的工作结合在一起。目的是研究完成一项任务所用时间以及提高效率所用动作的数量和种类。几年前有人向我们介绍了这种方法，当时我们正在试图提高一家公司的业务效率，于是用工作流程图画出一些基本动作。我们对如何节省时间及将具体工作简化、流程化很感兴趣。我们使用像图 3.5 这样的通用工作流程图收集了时间及动作等相关信息。

完成工作流程图：

1．确定将填入图表的工作流程。

2．说明你是在观察一个正在执行此任务的人还是一项正在实施的工作，你是通过纸质材料还是计算机系统来进行此项工作。特别提示：将对某人的观察步骤记录在一张流程图上，将对流程的观察步骤记录在另一张流程图上。

3．说明你是在记录当前方法还是改进后的方法。

4．描述这个过程的每个步骤。特别提示：使用主动语态描述正在履行这项工作的人。如“玛丽·安拿起了这个盘子”。使用被动语态描述在纸质图表或计算机上的输入内容，如“保险单据被填入表格”。

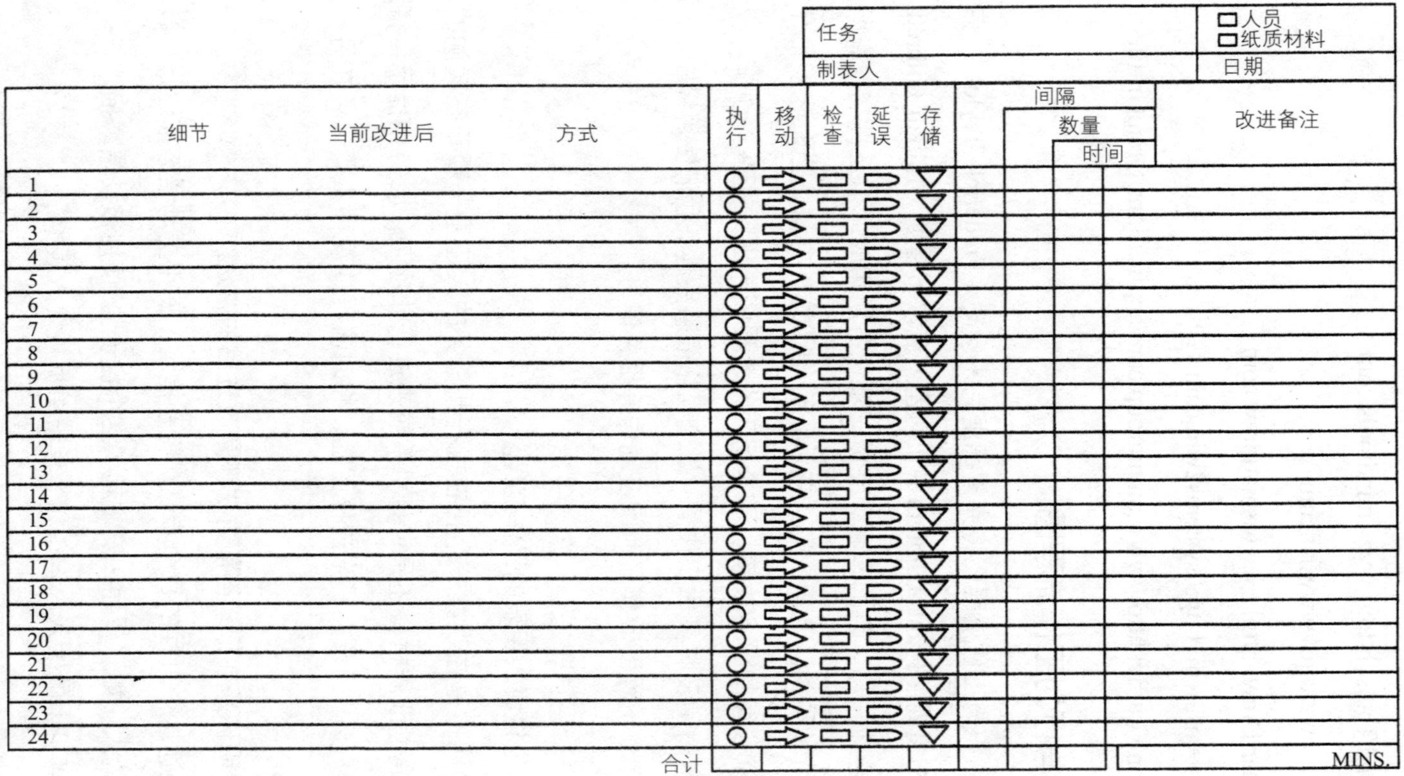
任务
人员
纸质材料
制表人
日期
细节
当前改进后
方式
执行
移动
检查
延误
存储
间隔
数量
时间
改进备注
1
2
3
4
5
6
7
8
9
10
11
12
13
14
15
16
17
18
19
20
21
22
23
24
合计
MINS.

图 3.5 工作流程图

5．将每个步骤进行如下分类：

- 执行：工作任务完成，信息发出或收到。
- 移动：某物位置发生变化，一般是超过 3 英尺（1 英尺≈30.5 厘米）的距离。
- 检查：阅读、查看、检验或确认某物。
- 延误：记录超过 30 分钟的延误。
- 存储：填入、存储或转移的内容。

6．填入员工或物品移动的距离。

7．填入正在履行的数量、数额。

8．填入完成每个步骤所需时间（以秒为单位）。

9．确认每个步骤中可能产生的改进。

10．动作：当比较目前流程和改进后流程时，每个标志出现次数的总和会对你有所帮助。

11．时间：全部时间（以秒计算），将其除以 60 便得到以分钟计算的全部时间。

工作流程图的目的是将使用的工作流程清晰可见，并搞清楚完成这项任务需要用时多少。这时，我们才能知道哪些需要改变，哪些需要淘汰，哪些需要改变方法。由于采用多种工具，因此工作流程图也有其局限性。它可能是根据任务或文字信息进行，然而不管怎样，这种工作流程图无法反映出在有助于成功完成全部流程的其他功能背景下的全部情况。

泳道流程图

泳道流程图是使流程清晰可见的一个最有用的工具。安排泳道流程图是为了对流程和决策进行分组并分别置于不同的泳道中，一条泳道代表一个人、一个团队、一个子流程或一种功能。泳道流程图显示了一个系统内所有流程的相互作用关系，在跟踪组织内流程和使我们看清当流程涉及多个功能或部门的业务流程时很有用。泳道流程图告诉我们谁负责流程的哪个步骤，并帮助我们确定延误点和瓶颈，以及完成这些步骤需要用多长时间，哪里最有可能出错，等等。图 3.6 就是这样一个例子。

生活中的一天

多少年来，讲故事一直是人类经验的一部分，我们很多人都熟悉“很久以前，在一个很远很远的地方”这种故事开场白。约瑟夫·坎贝尔（Joseph Campbell）在他的《千脸英雄》（*The Hero With a Thous and Faces*）一书中对跨文化、跨时间的故事及神话的基本元素进行了阐述，为组织发展历史价值提供了有用的背景。（坎贝尔，1972）

“生活中的一天”是描述员工、工作或工作场所故事的一种方法。这种方法用例子说明了我们做什么和怎么做，而且和当前的组织有关。“概括化、情景化及情感化的能力在概念时代已经变得非常重要。”（平克，2005，第 102 页）

创建生活中的一天的第一步是建立一个故事板，用来展示故事序列的一系列图形、插图和图像，如同图形的轮廓或略图。在人生故事板上的一天需要有时间表，并告诉我们在处于有利位置的工作执行者眼里此事是什么样的。故事板并不仅仅展示人们做的事情，同时也在讲故事，一个当人们执行这项任务时有何感觉、如何相互作用、环境、背景、外观及感受的故事。图 3.7 展示的是某人在生活故事板上创建的一天。

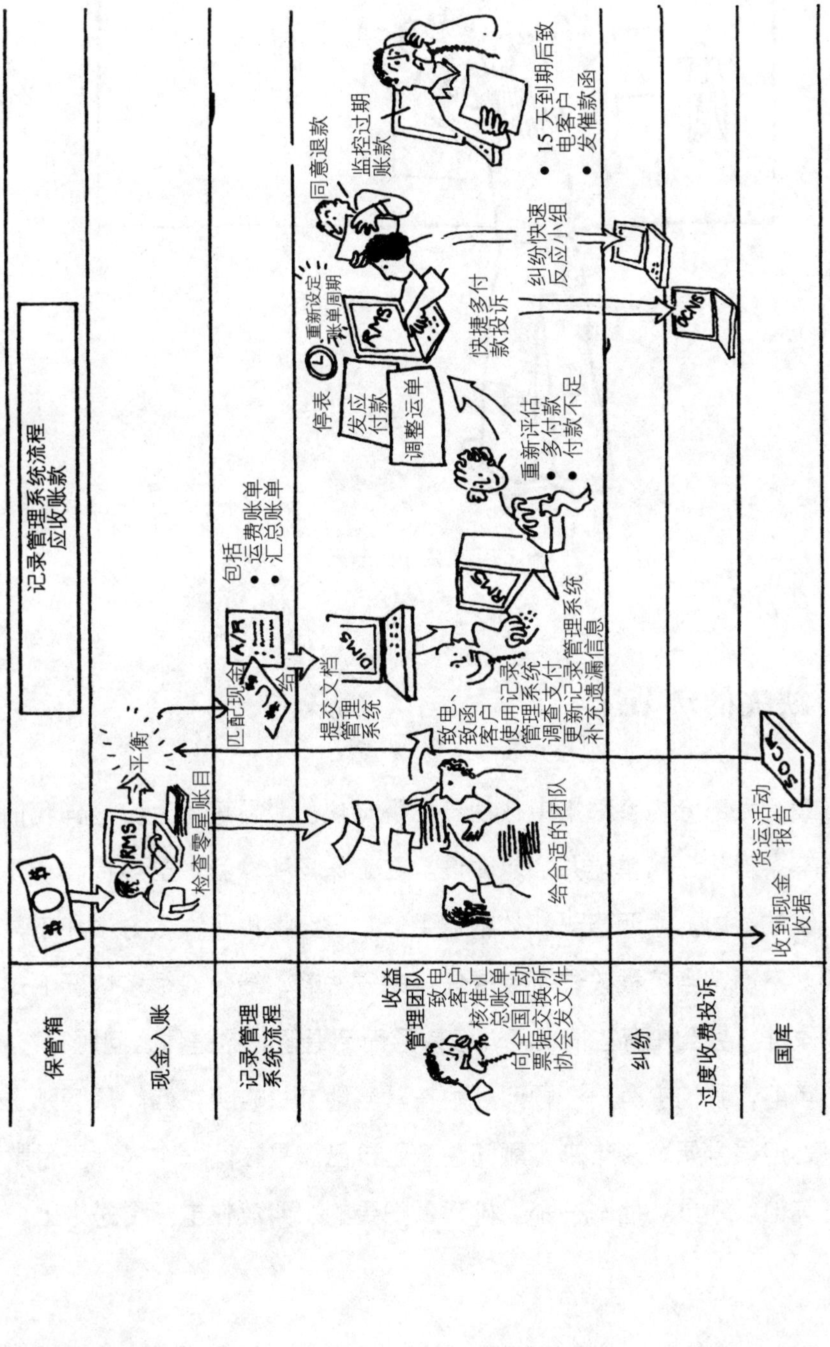
记录管理系统流程
应收账款
保管箱
现金入账
记录管理系统流程
收益管理团队
纠纷
过度收费投诉
国库
RMS
检查零星账目
平衡
匹配现金
A/R
包括
• 运费账单
• 汇总账单
提交文档管理系统
给合适的团队
致电、致函客户
使用记录管理系统
调查支付
更新记录管理系统
补充遗漏信息
RMS
重新评估
• 多付款
• 付款不足
停表
发应付款
调整运单
重新设定账单周期
RMS
快捷多付款投诉
纠纷快速反应小组
同意退款
监控过期账款
• 15 天到期后致电客户
• 发催款函
OCNS
向全国自动票据交换所协会发文件
致电客户核准汇总账单
收到现金收据
货运活动报告
SOC

图 3.6　泳道流程图实例

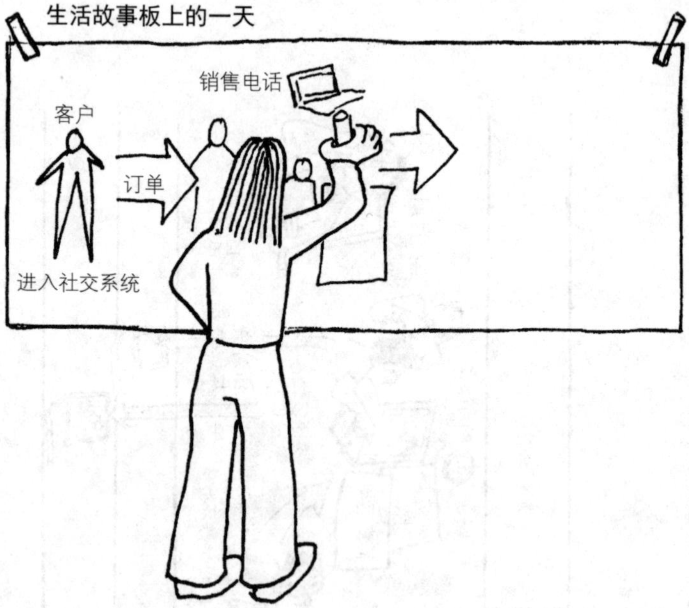

图 3.7　生活中的一天

缺失的环节

本章的大部分内容都集中在使流程视觉化、明显可见上，这样我们就可以将其条理化、简单化并加以改进。在工作场所，我们已经提高了改进业务流程的能力。六西格玛和“精益生产”已经提供了许多方法和工具辅助我们。然而，当流程改进了完成任务的方法时，绩效在很多情况下却没有得到改进。甚至在有些情况下，绩效反而倒退了。这是什么问题呢？

十年前，我们中有一个顾问开始在其当地杂货店买东西。尽管那里价格较高，但很方便。多年来，顾问注意到自己总是在同一个人那里付款，且回避其他收银员。他站在那里排队，把买的东西放在电子传送带上，收银员通过电子眼扫描价格，全部款项进入记录机，他给收银员一张信用卡或现金，接着收银员会问“纸袋还是塑料袋”，他把所有东西放进纸袋，然后离开杂货店。流程是一样的，不同的是收银员所做的。顾问回避的那些收银员似乎没有认出他是谁，他们也几乎不对顾客带来的生意表示感谢。而顾问排队等待的那位收银员会问他最近如何，对再次见到他感到很高兴，并感谢他在这里购物。流程是一样的，不同的是收银员做什么——她的通常做法。

当一个组织的文化惯例，也就是我们做事情的方式与流程协调一致，我们就可以看到绩效系数的提高。

1994 年，唐・托斯蒂和斯蒂芬妮・杰克逊（Stephanie Jackson）曾提出一个组织定位模型，这个模型强化了我们对战略性流程要素与文化习惯要素的理解（见图 3.8）。

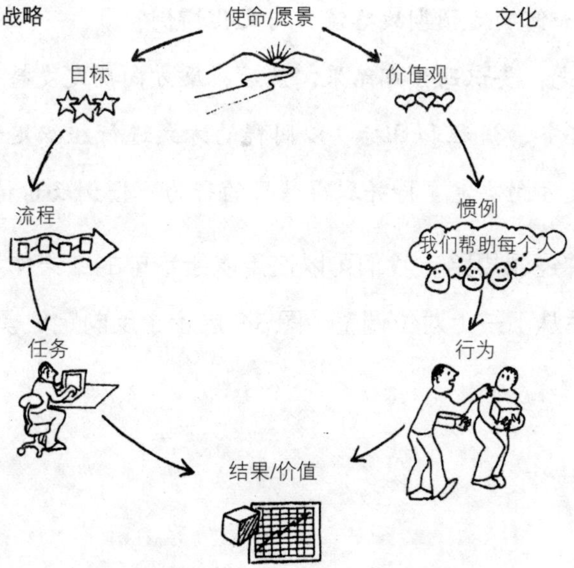

图 3.8 组织定位模型

这种定位模型可以用来为一个实际上没有产生预期效果的组织寻找问题所在，即使其战略要素似乎是到位的。定位对任何系统、任何组织、任何行驶车辆、任何个人都是必要的。“管理的基本功能就是确保各个层面相互协调一致”。（托斯蒂，2003，第 1 页）

经理的工作是通过确认目标、流程及任务来支持和产生结果，以完成组织的使命。除此之外，经理还需识别出支持和取得这些结果所需的价值观、惯例及行为。为提升绩效、解决绩效问题，将员工、工作及工作场所纳入考虑范围是重要的。结果依赖流程和习惯，一个是我们做什么，另一个是我们如何做。“即使我们有设计得很好的流程，但小组和个人的行为习惯可以产生仅仅完成结果和杰出优秀结果——两种不同的结果。最糟糕的情况是，坏的习惯可以摧毁好的流程”。（托斯蒂，2003，第 2 页）下面是全部文字内容：

> “你如何确定预期战略流程与文化惯例？”
>
> “首先，要识别预期结果。然后，反方向确定支持并产生这种结果的任务、流程和目标。以同样的方式进行组织定位模型的另一边，反方向决定支持并取得结果的行为、惯例及价值观。”

跟随这种逻辑思路，我们可以使用以所希望的结果作为开始的反向定位模型，然后从下往上对位调整。图 3.9 展示了反向定位模型。

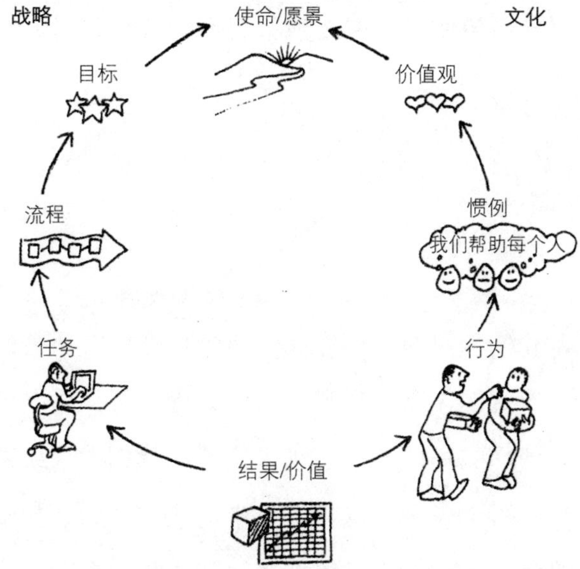

图 3.9　反向定位模型

应用练习

你现在可以尝试一下。从本章中选择一个模型或工具，并按照以下参考指南，绘制出你的惯例、流程，或者惯例与流程两者。

如果……	那么……
你不了解这家组织的文化元素和他们如何推动绩效	创建一张文化视图
你需要看到这家组织请示报告的关系	创建一张组织结构图
你需要知道流程的进程	创建一张生产过程的流程图
你需要了解某个流程的时间与动作的相互关系	创建一张工作流程图
你需要追踪某个流程与其功能的相互关系	创建一张泳道流程图
你需要将组织流程与惯例保持一致	创建一张组织定位图

我们建议当你希望使工作层面情况有形、可视化时，你需要采用不止一种方法来进行。

结论

在全书中，我们使用侦探和建筑师两个词把这些角色的调查任务和绩效改进顾问做的研究工作联系起来。本章讨论的工具可以被这两种角色使用。在我们作为侦探的角色中，这些工具帮助我们发现线索，告诉我们什么在起作用，什么不起作用，以及流程中的瓶颈、延误和不必要的步骤。而作为建筑师的角色，这些工具提供搭建整体绩效系统的模板蓝图。当设计整体绩效系统时，流程和惯例变得尤为重要。对绩效改进顾问来说，附加值是组织内各绩效小组的整合，并为他们指出一个最重要的目标——整体绩效系统的改进。

下一步去哪里

希望了解……	前往……
员工：个人及团队层面	第2章
问题的解决	
分析	
与企业关系	
模型与工具	
工作场所：组织层面	第4章
将组织用图形表示	
关键的业务问题	
问题的解决：保持一致	
提出解决方案	
实施	
相关管理惯例	
模型与工具	
实施：将绩效与组织整合	第5章
什么是实施	
情景式与系统化	
失败与成功	
坚持到底	
模型与工具	
我们做什么	第6章
系统研究法	
项目管理	
模型和工具	
关注未来：观察趋势	第7章
影响客户的趋势	
自然资源	
技术	
经济	
绩效改进	
规划你的路线图	第8章
员工/个人	
工作/流程	
工作场所/组织	
作者精选读物	

作者精选读物

以下是我们向读者推荐的书籍及很有意思的网站，你们可能会喜欢。

书籍

Bethower, D.M. (2007). *Performance analysis*. Amherst, MA: HRD Press.

Brache, A.P. (2002). *How organizations work: Taking a holistic approach to enterprise health*. Hoboken, NJ: John Wiley and Sons.

Gano, D.L. (2007). *Apollo root cause analysis: Effective solutions to everyday problems every time* (3rd ed.). Yakima, WA: Apollonian Publications.

Gharajedaghi, J. (1999). *Systems thinking managing chaos and complexity: A platform for designing business architecture*. New York: Butterworth-Heinemann.

Haines, S.G. (1998). *The manager's pocket guide to system thinking and learning*. Amherst, MA: HRD Press.

Harmon, P. (2007). *Business process change: A guide for business managers and BPM and six sigma professionals* (2nd ed.). San Francisco, CA: Morgan Kaufmann Publishers.

Kotter, J.P., & Heskett, J.L. (1992). *Corporate culture and performance*. New York: The Free Press.

Madison, D. (2005). *Process mapping, process improvement, and process management: A practical guide to enhancing work and information flow.* Chico, CA: Paton Press.

Pink, D.H. (2005). *A whole new mind.* New York: Riverhead Books.

Reason, J. (1997). *Managing the risk of organizational accidents*. Aldershot, UK: Ashgate.

Rummler, G.A. (2004). *Serious performance consulting: According to Rummler*. Washington, DC: International Society for Performance Improvement.

Rummler, G.A., & Brache, A.P. (1995). *Improving performance: How to manage the white space on the organizational chart* (2nd ed.). San Francisco, CA: Jossey-Bass.

Senge, P.M. (1990). *The fifth discipline: The art and practice of the learning organization.* New York: Doubleday Currency.

Sterman, J.D. (2000). *Business dynamics: Systems thinking and modeling for a complex world.* New York: Irwin McGraw-Hill.

Trompenaars, F. (1994). *Riding the waves of culture: Understanding diversity in global business.* Burr Ridge, IL: Irwin Professional Publishing.

网站

Business Process Trends: www.bptrends.com

Performance Design International: http://improving-performance.net

Performance Design Lab: www.performancedesignlab.com

第 4 章

工作场所：组织层面

在一家全国性保险公司的会议上，有关 300 多名各地办事处客服经理绩效下滑的讨论引起了大家的关注。作为有经验的老员工，这些客服经理已经掌握并成功地应用了复杂的生产力改进技术。然而现在，这些客服经理超长时间工作以完成他们的任务、拼命填补空缺职位并由于压力大而请假。主持会议的财务经理建议举办能够帮助这些客服经理的额外培训。

正在收集信息的两位绩效改进顾问就公司高级经理对下属经理工作绩效的期待值提出了一些问题，特别是对他们重要的工作责任、具体工作职责及对公司支出与收入的影响方面的期待值。绩效改进顾问怀疑在公司上一级层面存在不为人所知的定位问题，这降低并影响着客服经理高效工作的能力。

一位曾在许多办事处工作过的区域客服经理描述了客服经理典型的一天，这为客服经理面对的一系列挑战提供了线索，也帮助绩效改进顾问更加了解这些重要工作，并暗示他们需要进行更多方面的调查。其中包括在员工、个人、团队层面出现的问题，比如：

- 缺乏委任技能和技巧。
- 员工需求。

- 员工培训。

在工作、流程、惯例层面的问题包括：

- 客服经理超时工作完成较低级任务。
- 处理本该由处理中心履行的客户问题研究。

在工作场所与组织层面，尽管处理中心未能达到服务水平协议中规定的要求，客服经理们仍在竭尽全力帮助客户。绩效改进顾问询问客服经理的基本责任是什么，他们如何制定和管理每天优先要做的工作，以及作为这个地区或区域的一个小组，多长时间他们碰到一起来分享大家的关注点、找到解决方案并确定最佳做法。

当会议临近结束时，绩效改进顾问提议对在此次会议上确认的关注点进行更深一步的调查，然后将调查结果即全面的调查发现和建议反馈给项目的负责人——财务经理。

绩效改进顾问私下也认同客服经理面临问题的数量和种类，财务经理坚持认为需要进行大量培训的观点显示了一些严峻的挑战。绩效改进顾问决定采用“分而治之”的策略来帮助组织领导力围绕工作场所及组织的关注点开展。在该策略实施到位和对工作及员工层面问题进一步分析的基础上，绩效改进顾问认为他们会处于一个有利的位置，通过独特的解决方案使客服经理回到之前的高水平绩效。

技术综述

在组织层面，利用绩效技术可制作一张图，这张图展示组织是如何工作及如何与业务环境相吻合的。在与客户合作中，我们采用这张图来评估组织内部是否为达到组织目标而协调一致。我们也利用这张图来评估组织是否注意其环境并进行调整以适应外部实际情况。我们也许会建议在架构、流程、措施及反馈回路方面进行改变以求实现相互精准对齐。这个层面的项目可能影响许多人，而且也可能高度政治化，因此需要特别关注政治技巧，需要组织内级别很高的人作为发起者或支持者。

我们发现，如果是员工或个人层面的项目，那么通常是“这些人需要培训”；如果是工作与流程层面的项目，那么通常是“我们应该改善我们的订单履行流程”，这样的项目需要在工作场所或组织层面解决。因为管理层在做决定时并没有考虑定位问题。比如，订单的缓慢履行可能是因为生产方和销售方的评估方式：一方因为销售增长受到好评，另一方因为降低了成本和劳力而受到好评。这些单独设置的不同目标可能相互抵消。

组织层面绩效问题的信号

组织层面绩效问题的信号包括出现多个重建组织、组织合并或其他结构性变化。信号也可能是要求管理层开发项目、计划或协议的续约、管理团队建设或文化改变工作坊。在这些都是合适的同时，我们也总是首先评估其组织层面正在发生的事情来保证我们选择一个对的方法。

组织层面的变化常常源于外部业务环境，如经济形势、供应链、劳动力市场或市场发展趋势。作为绩效改进顾问，我们可以通过不断了解目前时事、大事而提高我们的公信度。请见第 7 章，该章说明世界大事是如何对客户组织产生影响的。

方法

首先，把自己看作一个侦探，其次，把自己看作一个外交官。为了建立调查员的公信度，你需要在不直接询问其他人的情况下找到一些基本背景信息。如果经过原始了解还不能得到的信息，你可以向其他人提出问题，但要尽可能保持礼貌，不要漫无目的地问问题。假设自己正在与一些合作的或不合作的证人打交道，带着这种心态，找到下列问题的答案：

- 关键的业务问题是什么？
- 组织的内部部门有哪些？它们之间是如何相互关联的？
- 组织的业务环境目前发生了什么？领导层对这些情况是如何跟踪的？有什么反应？

关键的业务问题

“关键的业务问题是指那些对策略的成功有重要意义的威胁和机会”。（鲁姆勒，1995，第 116 页）关键业务问题是业务难题，常常由数字表示，并由高级别人员规定。如果是业务问题，那么它就会对公司生存产生威胁或对业务发展提供有意义的机会。典型的业务问题包括市场份额下滑、利润逐渐减少、关键人才及原料贫乏、股票交易表现及进入新市场的渠道。

最关键的业务问题由其他一些数字组成，并形成一个单独的且容易聚焦的数字，如市场份额或利润。以利润为例，利润是收入减去成本，收入本身是个总数，而成本也是一个总数——包括提供产品和服务的费用总数。为改进组织层面的绩效，要确定关键业务问题，并将其作为你调查的重点和提出行动建议的框架。将关键业务问题分解到组织的组成部分将引导你找到最大的问题所在，并为你提供评估你的干预措施是否对消灭差距有效的测量方式。

在你常常工作于员工、个人层面或流程层面的业务问题，诸如减少招募员工成本、保留人才的同时，你展示这个项目如何影响利润的能力将你的工作与高层次的关键业务问题有效地捆绑在一起，而这类高层次的关键业务问题往往是高级经理所在意的问题。

特别提示：当你在这个层面工作时，领导层通常依赖具有广泛品牌认知度的专家顾问资源，如麦肯锡（McKinsey）或贝恩（Bain）。当组织高管们征求建议时，这些专家会做什么？当我们推荐或提出某个独特方法时，引用这些专家的著作或技巧可能是明智的选择。

为了解组织内部结构和外部现实，绩效改进顾问对环境和组织内部采用扫描法。

环境扫描

如同我们在改进个体绩效之前要考虑工作环境一样，我们在改进组织绩效之前也需要考虑组织环境。环境扫描观察的是组织市场的大环境因素。观察组织环境的有用方法之一是迈克尔·波特（Michael Porter）的环境扫描法，这种方法用来观察普通要素及行业特殊要素。

普通要素及趋势

- 经济的。
- 人口统计的。
- 政治及法律的。
- 技术的。
- 社会文化的。

行业特殊要素

- 该行业是萎缩还是发展。
- 竞争者之间的竞争激烈程度。

- 正在进入该行业的新的竞争对手带来的风险和危机。
- 淘汰公司产品或服务的替代品的风险，如 MP3 替代了 CD。

要了解组织的发展驱动策略及组织的决策，绩效改进顾问需要从更广的视角看该组织在行业中的情况，也就是从其所在行业来认识组织。我们也需要知道给这家组织带来风险与机会的业务环境。为我们的发现做一个工作总结是有用的，这样，我们在工作的同时也可以验证并不断参考这些发现。

内部扫描

在第 2 章，我们曾强调了目标和预期值。在组织层面，这点也是一样的，即为了评估目前绩效现状和预期改进，了解组织使命、目的、目标、计划以及为达到目标的现有策略是很重要的。

绩效改进顾问也会绘制图表来表明组织的结构——不仅仅用组织结构图，也会用图解的方式来说明组织的主要部门，如研究发展部、生产部、销售部及它们是如何相互关联的。一张真正有用的图表也会说明重要的跨职能流程和反馈环路。

目前组织面对的挑战、障碍和局限是什么？挑战也许是一个非常强的竞争者正以较低的成本和较快的速度将产品引入市场，障碍可能包括缺少扩大某一关键生产线的投入资本，而局限可能是公司所在州严格的环境规定。要绘制一份图表或为你所了解到的内容做一份总结，作为你所做工作的即时参考。之后的内容将演示一个绘图示例。

与关键业务问题相连

组织层面的分析与解决方案必须涉及影响整个组织财务的关键业务问题，如市场份额减少、利润目标失败、成本增加、营业收入徘徊不前、由于竞争对手的产品或服务造成的价格下降、较低的工资、销售目标的缺失及大量不满意的客户（诉讼事件、投诉、流失）。其他关键业务问题包括未能通过关键的通用审计或导致的监督处罚。

主要的机会和方案举措也是关键的业务问题，可能是策略层面的、全组织范围的举措或方案，如市场重心的变化或客户策略，像开展“客户第一”的活动。也许推出一个新的核心产品或程序，如为大型卫生保健系统做电子病历，或者将单边国际组织扩展到多边国际组织。

客户经常要求提供解决方案，但没有具体说明业务问题。你也许应该坚持揭开这个问题，问题总是在那里。关键是将问题识别出来并能够清楚说明，因为这个问题是推动项目的目标，也是推动项目的引擎。

初期原始研究

以下是一个组织层面的项目开始之前需要查明的有关该组织的情况。

- 查一下这家公司的股票价格以及最近的新闻发布稿，将这些作为原始背景信息。
- 按照我们在第 2 章中的建议，结识一个财务部门的朋友，并提出以下问题：
  - — 今年的重要数字有哪些？这个季度呢……我们做得如何？
  - — 本年度目标及需跟踪的非财务数字部分是什么（与市场、客户、产品与服务、流程有关）？我们做得如何？
  - — 你目前正在从事的绩效改进问题对组织关键业务指标的影响是什么？
- 管理惯例和管理文化是什么？也就是说，无论管理层如何说，他们每天如何真正运作？
  - — 什么样的行为和成绩受到奖励？什么样的受到惩处？
  - — 什么符合我们在这里做事的方法？什么不符合？

组织政治

如果你向往做成某件事，仅仅有一个好的技术方案是不够的，你还需要有一个好的政治计划。组织政治是许多混乱与焦虑的来源，它也是权利与影响的来源。政治一词源于希腊语中的“人民”，与政策具有同样的词根。如果屋子里人数超过两个，那么政治就存在其中。

政治是指影响其他人做决定、支持设想并达到目的的过程。政治影响我们如何做事情，是组织结构图中各部门的黏合剂。意识到组织政治的重要原因：

- 它们就在那里，它们是必要的，它们永远不会消失。
- 我们需要懂得它们并和它们一起完成组织的任何事情。
- 如果试图忽视或回避它们，我们就剥夺了自己应有的权利而使我们的项目注定失败。

依照我们的观点，人们在组织政治方面可以起到两种作用：破坏性作用和建设性作用。

破坏性政治。通常指通过自己对别人的影响旨在达到个人目的和将其他所有一切置于自己利益之下。这可能包括说谎、欺骗和伤害他人，这也是为什么政治名声不好。我们相信从事破坏性政治是犯了极大的错误，但如果坚称政治不存在或者政治有时不会成功，那就很愚蠢了。

建设性政治。通常指影响别人是为了达到组织目标并为大家长期利益服务。我们的经验是建设性政治对改变他人是必要的，而这也是绩效改进的目的。有时采取建设性政治并不占优势，但你越是这样做，你就会有越多项目取得成功。

那么，你如何才能在建设性政治方面取得成功呢？首先，重要的是你在政治版图中的位置。在这个组织中或在你正在工作的部门中，谁拥有权力？这种权力由于此人的职位可能是正式的，但也可能由于某些因素是非正式的，这些因素包括专业知识、个性、声望或很强的结盟能力。个人、专业及联盟与权力的关系是什么？谁是组织的决策者？在做决定之前，他们依靠哪些有影响力的人和顾问来获得信息？很明显，决策者往往从组织结构图中获得信息，但有影响力的人和顾问则不是。我们通常采用问问题的方式和观察组织成员间的相互作用来发现这些信息。内部顾问在此处有优势——他们通常已经拥有这些信息，或者知道问谁，比如你的客户。

其次，要确认那些有权力的人的政治立场，你希望的变革可能会涉及这些人。

- 旁观者——观察者。
- 决定胜负的人——采取破坏性政治的关键人物。
- 建设性人物——具有个人魅力和职位权力的职慧之人。

这是非常重要的一步，因为它可以让你知道将得到什么样的反应，将与谁一起工作，避免与谁一起工作。比如，你不愿意将一个旁观者放在实施方案的重要角色上。我们中曾有人有过不开心的经历，当时他正在做一个跨职能的主创项目，而一个采取破坏性政治的人承担着关键的联络员角色。这种情况难以避免，但你希望知道应该小心提防什么，应该说什么。在评估关键人物的政治立场的同时，你自己的政治立场又是什么呢？

最后，创建你的影响力策略，包括沟通和建立联盟。聪慧的绩效改进顾问往往制订交谈计划并根据合作的关键程度来安排谈话的顺序。这种技巧在本章的稍后内容里被称为“分而治之”。如果你需要施加影响的人与你的目标并不相同，那么就要寻找方法把他们联合起来形成联盟。好的开始是采用一对一交谈的方式，尝试与对方交流自己的想法，你可以问“你如何认为”“为什么你这么认为”“你的观点是什么”和“你认为 × 人的观点如何”。一旦了解到某个关键人物非常关注客户服务，同时另一个关键人物在意周转时间，你就可以将这两种关注放在一起，解决方案要照顾到这两种关注，并组建起支持你的项目的联盟。[劳顿（Lawton），个人沟通，2008 年 7 月]

要避免的政治错误

- 不要做完美主义者。许多项目失败的原因就是推动这些项目的人尽其所能以达到完美，最终却什么也没有做成。
- 不要做出似乎你知道所有答案的样子，就好像你的存在就是清理、纠正其他所有人的错误。要对客户所处的文化与环境表示尊重，也要尊重他们对所处境况的理解。要逐渐地接近你认为的“真理”。（劳顿，个人沟通，2008 年 7 月）

找出政治机遇

- 外部顾问如同旅游者，只要尊重当地风俗，并且多看少说，他们就获得了许可证，可以讨论一些内部顾问无法摆脱的事情。我们发现，与内部顾问合作可以帮助外部顾问更加有成效，并为他们铺平道路。
- 内部顾问就如同地陪。他们了解文化与风俗并可以就找谁和如何做提出好的建议。本书所有作者都曾担任过内部顾问，我们发现与外部顾问合作可以帮助传递信息，如果内部顾问自己传递的话，这些信息是传递不出去的。

用画图的方式来“观察”组织环境。之前，我们曾讨论过创建一张组织背景图：组织环境和组织功能。创建该图有许多好的模型，下面介绍其中四种。每个模型都为你提供了观察组织的不同视角，这些都是非常有用的。

吉尔里・鲁姆勒的组织图。绩效解剖是组织图，是组织的超级系统。（鲁姆勒，1995）图 4.1 显示了组织与其供应商、市场、竞争对手，经济、政策、业务环境的关系。这一超级系统的外延部分包括政府及规定、经济、社会、市场及如资金、劳动力、供应商和专业技能等资源。该超级系统的内部部分展示了组织的关键流程及部门间的相互关系与相互作用。该图将帮助你和你的客户了解一个具有推动力的系统的所有元素，这个系统对组织内发生的所有事情都有很大的影响，同时系统也对这些元素如何影响你正在设法解决的问题进行了评估。

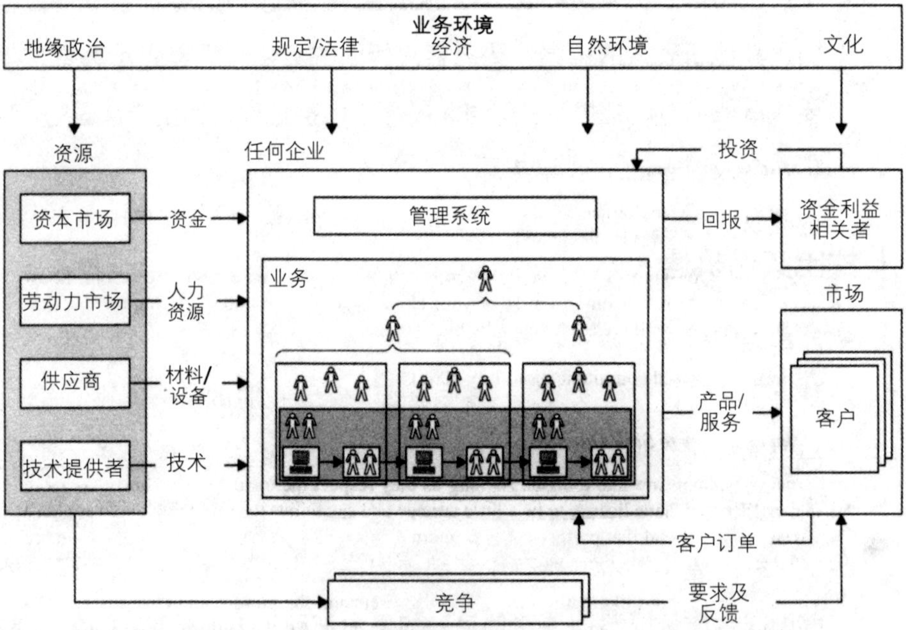

图 4.1　绩效解剖图

图 4.2 是观察绩效解剖的另一种方式。

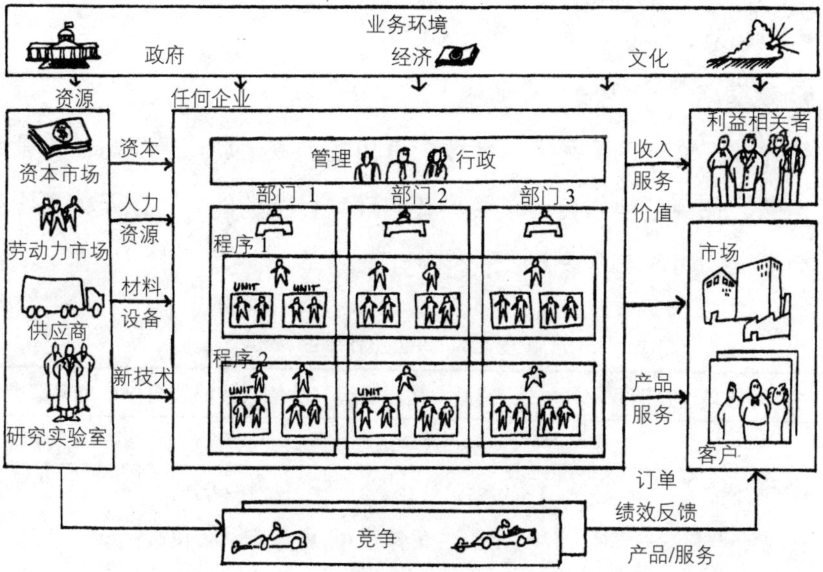

图 4.2　绩效剖析图解

朱迪思·赫尔（Judith Hale）的绩效咨询工作辅助。我们发现，当对一个组织的整体运营状况进行高水平评估时，赫尔的等级工作辅助是一个极好的工具。（赫尔，1998，第 128~131 页）政府及非营利组织也可以和合作客户一样采用这种工作辅助。表 4.1 展示的仅仅是第一部分，主要讲述一致性和清晰性，也就是在本章之后被称为定位的内容。工作辅助包括：

- 检验整个组织的模型。
- 发现答案的问题。
- 需要确认的假设。
- 需要采集的数据及如何取得这些数据。

这个模型涵盖：

- 愿景与使命。
- 目的与目标。

- 价值观、奖励措施、奖励、政策。
- 效率。

另外，工作辅助列举了其他数个有用的调查区域，模型与工作辅助可一起帮助我们评估组织目前是否具备实现其目标的能力，以及如果没有这种能力的话，如何提高能力以期达到目标。

表 4.1 等级工作辅助

1．等级模型及问题	2．假设：需要确认	3．需采集的数据	4．如何取得数据
	一致与清晰		
（1）愿景与使命 A．有无愿景与使命的表述 B．使命是否反映了组织当前的需求、愿望及组织运营的环境 C．对愿景与使命有无共识 D．使命是否支持愿景 E．公司的长期计划是否支持愿景与使命	• 使命是什么 • 所有的工作小组是否对使命达成共识 • 客户是谁 • 如何就使命进行沟通 • 有无长期计划 • 公司是否意识到需要进行变革	• 使命的表述 • 人们认为使命是什么 • 人们认为使命对他们意味着什么 • 客户需要什么及公司如何在业务上做出回应	• 使命的文字表述 • 与员工的书面交流 • 客户满意度调查 • 市场调查 • 员工的分层随机调查 • 面谈
（2）目的与目标 A．目标与使命是否定位一致 B．它们是否反映了整体发展所需的资源与运营细节 • 每个运营部门是否有目的与目标 • 人们是否知道目的与目标是什么 • 人们是否遵循这些目的与目标	• 每个部门的目的与目标是否支持使命 • 这些目的与目标是否相互协调	• 部门的目的与目标 • 人们认为他们的目标是什么 • 资源与目标匹配的程度如何	• 名义上的小组 • 商业计划 • 经理的目标

续表

1. 等级模型及问题	2. 假设：需要确认	3. 需采集的数据	4. 如何取得数据
一致与清晰			
（3）价值观、奖励措施、奖励、政策 A. 领导的价值观是什么 B. 这些价值观是否被了解和分享 C. 组织文化是什么？支持什么样的特定行为？ D. 这些行为是否能真正得到奖励 E. 奖励采取什么样的形式和仪式 F. 条件是否支持组织认为有价值的事情（如承诺、创新、服从、团队精神、个人特点及企业家精神） G. 公司政策是否支持其价值观、使命和愿景	• 什么是重要的 • 如何将价值观优先化 • 价值观与奖励是否一致，并与公司使命、目的与目标一致 • 不履行的后果是什么	• 成功看上去是什么样的 • 公司衡量什么 • 所谓“好人”是什么样的 • 奖励是什么 • 人们是如何得到提升的 • 哪些人是英雄	• 价值观的陈述 • 客户满意度调查 • 社交网络图 • 奖励及认可程序： — 证明文件 — 奖项 — 授予 • 焦点小组

资料来源：赫尔（1998），绩效改进顾问使用手册。

平衡计分卡工作辅助（赫尔，1998，第 129 页）在确定公司层面的关键业务问题、调查问题及指导客户对有限资源投资方向进行优选等诸方面是有帮助意义的，同时也为评估绩效改进项目提供很好的数据。

业务逻辑分析。图 4.3 中的模型显示了对发展总趋势、行业趋势、关键风险和机遇的外部扫描观察；而内部扫描观察则是指对财务、策略、客户、产品、流程及基础结构的观察。[卡尼（Kearny）、西尔柏（Silber），2006] 这个模型清楚地解读了业务运行情况并说明如何找到组织用来衡量工作做得如何的度量标准。获得演示的完整工作辅助，请登录 www.silberperformance.com。

外部逻辑

行业

对该行业，什么是：

- **新竞争对手的威胁？**新竞争对手进入这个市场有多容易？
- **供应商的议价能力？**关键供应商有许多还是几个？它们是紧密团结在一起还是存在激烈竞争？
- **买家的议价能力？**客户的产品或服务来源是很多还是稀缺？
- **替代产品的威胁？**客户的产品有多大可能被另一件不同产品完全替代（如电脑代替打字机）？
- **竞争的激烈程度？**这个行业的公司相互竞争有多么激烈？
- **这个行业是上升还是萎缩？**

外部逻辑基于迈克尔·波特

内部逻辑

经济逻辑性：组织利润和成长的来源
策略：组织的目的、方向、计划和文化
客户：组织如何识别、吸引并维系客户
产品与服务：产品与服务是如何吸引人？
流程：组织如何开发、生产和交付产品
内部：基础结构——组织如何构建以完成其任务

内部逻辑基于卡尔·阿尔布雷特科（Karl Albrecht）的竞争性策略和卡普兰·诺顿（Kaplan Norton）的平衡计分卡。

外部逻辑

总趋势

正在或将要影响这类业务的当前趋势是什么？

- **经济**
  经济方面的哪些变化影响到业务？波动的利率？资本的可得到性？其他？
- **人口统计**
  人口方面的哪些变化影响到业务？老龄化？劳动力市场转移？其他？
- **政治与法律**
  法律、规定或立法哪些方面的变化影响到业务？诉讼案件的上升？安全及环境规定的变化？政府资助的减少？其他？
- **技术**
  这个行业的技术趋势和创新是什么（可能）？电子技术？生物技术？化工技术？特定的发展？
- **社会文化**
  人们的习惯、愿望、行为或信仰的哪些变化影响到业务？信用消费的变化？教育程度？其他？

图 4.3　商业逻辑模型

差距

对于关键的业务问题及其组成部分，什么是预期结果——我们希望得到15%的市场份额，那目前业务水平是什么——目前我们的市场份额为10%。在这个例子中，差距就是5%的市场份额。这样一个清楚、可衡量的差距可以帮助我们审视问题并确定解决方案的价值。有些客户准确地知道他们努力消除的差距是什么，然而大多数客户只是强烈地感觉或坚信肯定有问题，但对差距到底是什么模糊不清。

客户常常需要在具体说明其差距上给予帮助，聪明的绩效改进顾问发现这点对成功坚持下去并确定差距是非常关键的。差距让我们能够鉴定解决问题的价值——市场份额5%的增长很快可以变成美元，因此可以据此相应地审视我们所做的努力。这也帮助我们明确了目标以及衡量结果的方法。差距也为我们指出了到什么地方寻找资助者或拥护者——受到该差距威胁的主管人员。

进行组织结果的需求审计

一旦确定了目前水平与预期结果的差距，接下来就该检查组织是否具备达到和维持组织预期结果的基本要求。吉尔里·鲁姆勒定义了六个要求，这六个要求是一个组织在将计划转变为可预期的、与计划一致的结果时必须具备的。

- 管理系统是否被监控？是否采取了合适的行动？（见图4.1）
- 组织是否在使命、愿景、策略、业务模型及目标上与管理系统保持精准一致？（见图4.3）
- 与组织、顾客需求相关的价值链输出及要求是否清楚并进行沟通？

- 通过一致目标和具备相应能力的处理过程来达到预期价值链输出的流程是否优化?
- 这些流程是否具备达到预期结果的功效?

将组织及其管理系统用图表的方式描绘，价值在于你可以围绕这六个要求整理、归纳你的分析并快速地发现问题所在。

是否有人已取得预期结果

确定正在达到预期的绩效或超过预期的一个或多个场所、工厂、部门或其他下属单位，将其作为范例。然后将这些范例与获得一般结果的类似场所进行对比，从而观察到范例正在做而其他场所没有做的事情是什么。这也可以帮助你判定在客户目前系统的现状下，创造一个什么样的结果是现实的，因为起码有一个场所已经取得了这样的结果。

问题的解决

在组织层面，大多数绩效关注点都是一致性问题，有内部问题也有外部问题。我们都很熟悉组织是如何通过划分专业小组来追求效率的，如生产组、销售组、财务组、人力资源组等。随着组织规模的不断扩大，按产品、市场或地理区域又形成许多独立的部门。在极大规模的组织内，为保持运营规模处于可管理的范围内，每个部门都重复组建自己的职能小组，而非争取建立某种职能的统一中心，如财务部门或人力资源部门。而无意识的后果便是建立了各自独立运营的筒仓和分散的领导、目标和策略。第3章对核心流程在各职能业务线间来回移动时造成的碎片式状况进行了讨论。这种职能的重复也分裂了自动化系统，混淆了指标并提高了运营成本。

[赫博尔德（Herbold），2004]

一致性

要想精确地找到一个组织的绩效问题，你可以从解决问题入手，找到一致性问题。首先寻找内部一致性问题，员工也许已经注意到了，并能对此谈论看法，这样就更容易找到这些问题。从外部观察组织是否与其管理系统保持一致也很重要。组织内不同的小组与管理系统的不同部分相对应、相协调。如果组织发展与市场状况不一致，市场部与销售部会意识到；而采购部和生产部则对是否与供应商保持一致敏感；人力资源部和法务部通常对未能与政府相关规定保持一致敏感。我们发现我们常常不得不自己发现一致性问题，然后再检查我们的看法并通过与员工谈话将细节添加上去。

内部一致性问题

四种内部一致性问题

- 横向一致。
- 纵向一致。
- 组织目标与组织活动一致。
- 组织管理惯例与组织目标、策略及价值观一致。

横向一致。横向一致是指组织每个部门的目标及策略支持组织整体的目标及策略并与其保持一致。组织所有部门要齐心协力，确保没有哪个部门是在损害另一个部门利益的基础上来达到本部门目标的。在一个横向不一致的组织内，你可以看到“部门保护”行为——每个部门都试图将自己的资源和成果最大化，而且经常对其他部门产生不利的影响。这种优化本部门的做法将整个组织的优化变成了子优化。

纵向一致。高管层面创建的目标和策略必须向下贯穿整个组织，这样任何层面的人员都可以了解并为这个总体规划做出贡献。有些人把这称为“瞄准线”，确保每个人对其所必须完成的任务以及该任务对整个组织的贡献有一个清楚的认识。从下往上也必须保持一致，这样计划和策略制定者才能确定该组织执行策略的真实能力。其中包括时间、设备、技能及获取所需资源的渠道。许多组织的项目失败是因为领导者创建项目后仅仅简单地交予他人，而没有考虑这些关键要素。

组织目标与组织活动一致。对组织的目标、策略及举措在组织日常活动中是否有所体现进行检查。这些目标、策略和举措常常被视为特定的一次性项目，而且会中断，但不影响业务常态。将目标、策略和举措全部集中到一点上就是将这种业务常态改变成一种新的形式。

举个例子，一家咨询公司的目标是增加 25%销售额。他们的策略是要求每个直接接触客户的员工进行销售或交叉销售。但是，公司没有一个人具备专业销售技能，而为了满足经营业务和处理目前客户的日常需求，提供销售培训的努力也总是被搁置。唯一支持销售的活动就是每周讨论业务渠道的会议，但还经常由于排得满满的时间表而被取消。虽然公司经常讨论目标，但他们的日常活动却没有与此保持一致。

将组织的目标和策略牢记在心，同时考虑目标和策略会对组织正在进行的活动产生什么样的影响，寻找正在发生的迹象。如果组织活动与组织目标之间没有什么关联，这就是非常严重的错位，需要处理。

组织管理惯例与组织目标、策略及价值观一致。惯例是指人们每天做事的方法、做决定和采取行动的方法，也可以指人们与他人交流、互动的习惯做法。管理惯例是可接受的、预期的行为模型。观察管理惯例使员工和客户更加了解公司，通过这种方式获取的信息比简报、备忘录、广告和公告都多。更多有关惯例的内容可阅读第 3 章。

遗憾的是，惯例并不总是反映组织既定目标、策略和价值观，因而会引起错位。例如，一家公司宣称将客户放在第一位，但其客服部始终缺人、缺设备，这就是处于错位的状况。另一家大型计算机公司也是这样，公司的战略目标是成为“最好的办公地方”。为了吸引顶尖人才，这家公司提倡“开放”，并以此作为其价值观。然而，公司行政办公场所却是一个奢侈而宽敞的地方，低于高级职员级别的人都不能进去，但员工的办公隔间非常狭小，而且迄今为止也没有进行改变。缺乏一致性使人们持怀疑态度，而这将无法鼓励人们做出最大的努力。

外部一致性问题

如本章开头所述，每个组织都是管理系统的一部分，包括市场、竞争对手、供应商和其他因素，如经济和法律环境。一个成功的公司必须不断监控外部因素并根据不断发生的变化进行调整。下列内容必须与管理系统保持一致。

组织的业务模型、目标和策略。如果业务模型假定经济政策紧缩、消费者减少消费时产品价格为持续增长，那么这个模型与客观现实就是错位的。如果策略要求迅速获得许多有技能、有经验的专家，而此时离开劳动力储备市场的人数多于进入这个市场的人数，那么策略必须提供非常吸引人的资源，或者策略必须迎合变化了的劳动力市场。

组织的价值链。价值链的产出必须与市场需求一致。产品或服务的功能、质量、成本及保养维护必须与客户要求一致。产品与服务的生产成本绝对不能太高，而且要符合外部规定。

在本章前面，我们曾了解了检查组织环境的工具。图 4.1 中的等级工作辅助对检验、评估组织是否在所有讨论涉及的区域保持一致上有帮助作用，如横向一致、纵向一致、组织目标与组织活动一致等。该工作辅助特别对进行这些区域的系统检验有帮助，如果没有清晰的参考指南，系统检验可能会分散而混乱。

解释你的发现

重新审视你为组织及其环境制作的图表，以及你与员工谈话时做的记录。你发现了哪些错位问题？最初的见解是吸引人的，我们已经学会首先要确认或否认问题，然后逐渐将问题的数量减少到我们确信的几个问题上。提示：千万不要仅仅根据在公司总部获得的信息得出结论。我们的经验是，从实际工作人员的角度得到的信息不仅有价值，而且是必不可少的。

构建假设：以你取得的信息为基础，哪些可以说明目前形势？假设可能是组织由于缺少部门之间的内部一致而绩效不佳；经理以及领导的小组之间相互竞争，而不是为优化组织而共同努力。

然后问问题：什么能证明你的假设是错误的？你可以发现什么证据来反驳你对目前形势的看法？你是否应该改变你的看法？比如，你可以查一下过去几年的绩效状况，随后发现在一次主要收购前组织各个部门合作良好，但之后目标和优先顺序变得模糊，因为两家组织需要努力相互配合经营。你可能由此得出结论，缺乏一致的是合并的两家组织，而非一般的部门。

绩效改进顾问在使用假设做出诊断之前会对其进行测试，这并不仅仅是复核假设是否在正确的方向上，也因为假设会受到其他很多人的挑战和测试，特别是在组织层面。

我们发现，在诊断阶段和客户成为合作伙伴是很重要的。要抵制撒手的诱惑并亲自做所有的解释工作，然后将假设以一种完整、精练过的系列概括展现出来。让客户参与检查数据及之后的创建和测试假设。这在流程初期会花费时间，但如果客户已经参与了结论概括方面的工作，它会为我们节省很多时间。

选择解决方案

下一步要考虑消灭差距需要采取什么行动。谁应该参与？解决组织层面的问题是复杂的，要牵扯并影响到一些有权利的人，因此会受到政治方面的干预。表 4.2 列出了一些对组织层面问题有用的解决方案。全部看下来后，确定会影响你在假设中认定的问题的那些解决方案。之后，努力考虑一下没有被列入的其他选择方案，并将其列出来，然后为组织和所处现状定制解决方案。

表 4.2　解决方案的矩阵工作辅助

评估与反馈	沟通系统
• 客户与委托人反馈机制 • 确认绩效指标 • 绩效评估系统 • 绩效信息系统	• 公司沟通系统 • 虚拟会议 • 会议计划 • 公共关系 • 协商系统
领导力培养	**标　　准**
• 评估中心 • 行政评估 • 行政指导 • 岗位轮换系统	• 内部合同、意向书等 • 服务水平协议 • 指导参考 • 合作协议

续表

领导力培养	标　准
• 管理/岗位借调交换系统 • 监控	• 政策 • 程序
管　理	**组织设计与发展**
• 愿景规划 • 策略制定 • 目标设定 • 市场系统 • 财务体统 • 绩效管理系统 • 接班人计划	• 变革管理 • 冲突管理 • 文化变革项目 • 组织的群体行为仪式、庆典 • 重组与重建 • 团队建设 • 价值观明确
奖励与认可	
• 福利项目 • 奖金系统 • 佣金系统 • 赔偿系统 • 奖励及认可项目 • 绩效奖励系统	

这张表格仅仅是一部分选项，为你抛砖引玉。

现在你正在处理有很强的政治性问题，你需要考虑与组织发展专家合作创建一个更为稳健的选项列表。有经验的组织发展专家会建议一些与情感、价值观、人际关系紧密相关的方法，通常是温和的技巧而非人类绩效技术中的强硬而“科学化”的要求。这两者的结合可以更富有成效地解决问题。组织发展专家往往能够成功地影响别人发生改变，特别是那些可能失去某些东西的人。

当你必须创建一个列表时，采用下列指南来评估每一项：

- 哪个选项能为取得预期结果提供最有效的帮助?
- 哪些关键业务驱动因素相互影响? 可能的结果是什么?
- 其他哪些关键业务驱动会受到负面的影响?
- 和组织相匹配的政治因素是什么? 可能的选项是什么?
- 需要的成本、所需时间是多少? 客户多久可以看到结果?

你的客户和有经验的组织发展专家在评估过程中会给予你很大的帮助：客户的帮助体现在影响和度量方面，而组织发展专家的帮助体现在实施过程和实现变化的真正时间表方面。两者都具有能量和可接受性。

工作态度与举止

绩效改进顾问与客户的关系和我们采用的模型或技术专业技能及经验一样重要。这里没有引导你成功的“黄砖路”，没有一节节的台阶将我们从一个绩效改进项目的开始引导到最后并保证成功。我们必须能够将我们的知识和技能进行调整以适应组织环境与文化、适应客户的需求与特点。这就像厨师，你不能仅仅按照食谱做菜，你必须能够调整食谱以适应环境、可获取的食材、条件及佐料的实际情况。你必须知道如何呈现你所“创造”的菜肴，创造一种体验，将一顿饭变成一场宴会。

下面是当你作为客户的顾问和伙伴与其一起工作时的一些参考意见，这些参考意见的目的在于通过你做的工作及你工作的方式为工作本身增添价值。

分而治之。这是“会议前的会议”。和你的客户一起确认重要的利益相关者和意见领袖，而不是试图推销一组问题中一个老问题的新解决方法。安排与每个人谈话来讨论你的发现和建议并得到他们的补充与建议，以便做出调整并恳求他们将其他人带到组织中来。

找到支持者、拥护者。理想情况是，你的客户处于有权力、有影响力且能控制资金的角色位置上。如果不是，和他一起确定一个能起到杠杆作用并在项目结果中有利害关系的人。与他一起工作，并将他看成你招募来的项目支持者。设想你的客户是一个懂得人类绩效技术的培训经理，他把你请过来是为了举办团队领导力培训，这种诉求实际上是组织一致性问题的征兆。你们应该一起确定一位对采用新方法获得结果持开放态度的高级主管，然后你可以将这位主管作为邀请来的支持者：使决定合法化、排除障碍、支持你的工作。

确定问题所在。有哪些要求还没有得到满足？如果一个组织希望为管理层举办团队建设活动，那么是什么导致这个团队建设的请求发生？发生了什么或是什么表现应该出现而没有出现为需要进行团队建设的请求？

比如，一家保险公司的销售小组有“团建问题”，它们的目标是增加销售量。高层管理人员认为，如果各办事处销售代表主动出击、四方联络而不是坐在办公室里等待潜在客户上门问价，那么增加销售量的目标就能达到。高层管理人员创建了新的集中电话销售团队，这些人专门接听并回复顾客询问报价的电话并跟踪网上查询。所有办公室的询价来电均被转接到一个新的 800 号码，随后这个新变化被公布。

这是一个好主意。然而，各办事处的目标却没有调整以适应电话呼叫量的突然变化。各办事处表面上支持这一变化，但在暗地里破坏集中销售团队的工作，致使其工作失败，这样各办事处的电话呼入量又恢复了。销售量增加的目标没有达成，因为办事处的规定与制定目标的方法没有对接。

在高层管理人员看来，团队建设很明显是问题的答案。绩效改进顾问帮助高层管理人员认清，他们可以责备中层及下属销售管理层和销售代表，因为他们破坏了这个计划，但真正负责的应该是他们自己，因为他们仅仅简单地宣布了这个变化而没有调整目标的分配，而且只有他们才具有调整目标分配的权力。组织一致性必须从决策层开始。

通过积极方式来提问。在上面谈到的保险公司的例子中，绩效改进顾问应该这样问“从今年年初起，办事处的目标是否发生了任何变化”，而不是这样问“你们是如何改变办事处的销售目标以反映询价来电呼入量减少的”。想想被提问者对这个问题的感受，特别是如果对方是决策者，而且是她安排的目前规定。对每个行动都要设定一个明智而正面、积极的理由，并由此相应组建你的问题。提示：即使你在问题最后加上“你这个笨蛋”的话，你问的问题仍会有很好的意义，你就要对你问的问题进行重新措辞。

保持客户不断得到信息。在研究与分析阶段，要尽可能保持客户不断得到有关你的发现的信息。避免让客户吃惊，特别是当客户在某个报告或陈述中发现了某些内容，而这些内容会使客户感到尴尬时。要创建定期检查规定，随时讨论进展和发现。如果你确实发现了风险信息，那就和客户一起制定如何向他人介绍的最佳策略。

一名绩效改进顾问发现一个专业且薪金很高的小组每年花费组织 200 万美元复制程序。当这名顾问私下与客户谈到此事时，客户说：“如果你这么说，我会丢掉我的工作。”然后两人达成一致，顾问可以报告说复制每年花费公司“100 多万美元”。这样说也是真实的，也足以推动公司采取行动，但没有造成这位客户被解聘。同时这也给了这位客户解决问题的余地。

准备呈现你的发现。组织、归纳并准备以综述的视觉形式呈现你的发现，要注意保持一致性问题凸显和易见。我们通常将细节，如方法论、提出的问题、数据、面谈的人以及深度发现作为总结的附件，或者作为根据要求提供的单独文件。当准备工作完成后，将你的视觉文件和你的假设一起呈现给你的客户，然后询问他能够得出什么结论。

如果你与客户或发起人一起工作，首先将你的发现呈现给你的直接客户，然后再同时呈现给客户和项目发起人，这种方式是明智的。你可能发现你第三次呈现的对象是发起人和管理团队。只要可能，带上你的直接客户展示你的发现。当你介绍每一项时，首先要展示共同的假设，然后询问你的观众能够得出什么结论。

提出解决方案。为你的客户提出可供选择的两个或三个“解决方案包”，并附带每个方案的利弊（成本和收益、风险与回报），请大家补充，做出适当的修改，然后请客户选择执行的解决方案。我们用这种方式取得过多次成功。如果和你一起工作的客户来自多个层面，你可以数次重复上述过程。不管怎样，要确保尽可能由最高层领导选择解决方案。

例如，和一家大型汽车制造商一起工作的顾问开发了三个可能的解决方案包：一个最低标准的，一个最理想的，一个介于两者之间但仍足以保证解决系统问题的。然后这名顾问把三个解决方案包以三种汽车命名：一种是便宜且声誉低的低档汽车，一种是顶级质量的高档汽车，一种是中档汽车。决策者是部门领导，他们既不想使自己的决定让人们联想到低档汽车，也不想投资回报最小化，因此，他们选择了中间一个。

探索实施问题。你呈现的每个解决方案包都要包括与决策者讨论实施选项部分。实施是构成每个解决方案中成本与收益、风险与回报的必不可缺的部分。只要可以，你都应将实施程序作为增加价值的另一个机会。

我们一个同事曾与一家软件安装公司合作，这家公司希望通过其项目管理工具及方法使用的标准化来提高盈利能力。解决方案的部分内容是工作模拟仿真训练，这种训练要求新聘项目经理通过使用特定工具来学习方法论。障碍包括许多不完全实用但受惠于官方庇护的“工具”，新聘项目经理们在几乎没有指导的情况下被派到偏僻的远程客户端站点。而且，组织没有专门的员工去检查这些正在完成各自模拟仿真训练的“学员”。实施工作是精心安排的，因此每个新聘项目经理都被指定一个导师——一个有经验的项目经理。当学员完成了模拟仿真训练后，他会将任务交给导师检查并得到反馈。这些导师对每项任务都有相应解答，他们很快会对这些学员的成功产生个人兴趣，如果一个工具或方法中的一步被发现是错误的，便会引发大家的争论。

这确保有经验的和新聘的项目经理可以娴熟地使用工具和方法论，那些使用者将组织的注意力转向错误的工具或程序并进行解决。新聘的和有经验的项目经理之间的牢固关系由此建立了起来，并创建了一个实践区域和支持系统，这种结果远远超过了最初的训练目标从而增加了价值。

实施受益于组织发展而不仅仅是一个科学方法。虽然科学方法适用于分析与管理，但使人们改变习惯及信念，科学方法并不总是最好的。人类绩效技术模型并不是唯一可得到的有用模型，我们应该看看其他领域能提供什么。[维特库思（Wittkuhn），2008]本章有关组织政治一节中也曾提到一些问题，这些是工作履行的一部分。要想获得成功，你需要制定既包含技术也包含政治的计划。

更多组织一致性模型和工作辅助

唐·托斯蒂和斯蒂芬妮·杰克逊曾开发过一个很有用的组织一致性模型，这个模型被客户、绩效改进顾问和组织发展顾问发现具有可相互理解的性质（托斯蒂和杰克逊，1994）。这个模型与文化的相应元素（价值观、惯例、举止行为）成为业务策略方面（目的、目标、活动）的搭档，并显示了所有一切必须保持一致从而将组织的使命与愿景变为结果。策略讲的是需要做什么，而文化讲的是应该如何做或起码如何做。图4.4中的模型可特别用于审视、评估组织目标与组织活动的一致性，组织惯例和组织目标、策略、价值观的一致性。有关这个模型的详细解释可登录 www.vanguardc.com/org_aling.html。

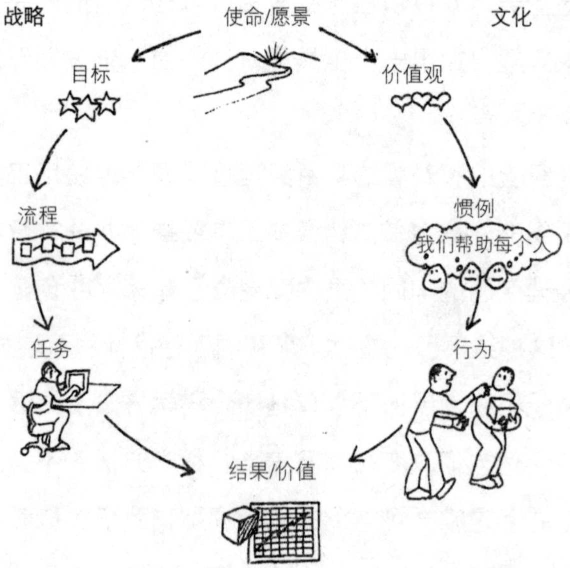

图 4.4　组织一致性模型

获得分析、解决方案及实施计划制定的掌控权

完成出色的分析、诊断和开处方是一回事，而创建一个经过深思熟虑的执行计划则是另一回事。我们发现让客户接受执行计划并按照计划去做具有更大的挑战性。还有一种情况下我们需要求助于组织发展顾问，这些专家曾经开发并检测为使组织成员参与变革的相关原则和工具。需要记住两个有用的原则：

- 人们不抵制变革，他们抵制自己被改变。

- 人们支持他们参与创建的东西。

下面是我们发现的有助于使各个层面的人参与变革的两种资源。

《完美咨询》（*Flawless Consulting*）

彼得·布洛克（Peter Block）的经典著作提供了在咨询过程的每个阶段与你的客户合作的实用技巧，从数据采集、分析到选择解决方案、制定执行计划（布洛克，2000）。这本书是一个投资，只要你与组织一起工作，它就会产生效益。请特别注意有关执行的章节。

格罗夫国际咨询公司（The Grove Consultants International）。格罗夫国际咨询公司（www.grove.com）可以为组织评估和活动策划提供全套、大型的模板。每个模板都有领导者指南，指南介绍了如何针对不同规模、不同组合的团队使用模板。模板使用视觉隐喻描述任务框架，如评估组织的环境。

我们中有人拥有视觉方法使用方面的丰富经验，他发现视觉方法对于组织任何层面的客户都同样是成功的。在小组面前将视觉模板贴在墙上，然后问一些问题，并将回答填写在空白处。当完成这个模板后，每个人都可以看到关于组织背景和内部关系的全部相互作用的因素。这些模板已经被广泛地进行了测试并在许多组织的应用中获得了成功。

在吸引客户参与评估中，特别有用的模板是那些名为背景图或行业架构图的模板，这两种模板都基于波特的外部扫描观点。五个大胆的步骤和绘画式的周密计划模板对小组问题的解决以及执行计划的制定是极其有用的。执行小组对模板的反应通常都非常热情，因为这些模板展示了全局且没有丢失错综复杂的内容，而这些是他们做好的决策时必须要处理的。

有远程说服力

要想让员工加入组织变革中，绩效改进顾问必须精心制作各种信息，这样在我们不能亲自去传达信息时，这些信息仍然也可以维系住员工。我们必须抓住人们的想象力，然后使他们能够将其信念传递给组织中的其他人。（希思，2007）

顾问在实施中的角色

当绩效改进顾问进行工作场所及组织层面的工作时，我们的任务和在员工及个人层面或工作层面时的角色明显不同。在个人层面时，我们不仅仅是实施者，也是分析师和问题解决者，特别是当解决方案涉及工作辅助、参考文献或培训时。在流程层面，我们往往是实施团队的一部分。

在组织层面，我们的角色就是顾问。作为顾问，我们要给忠告、提建议、做推荐。我们提出一个个解决方案，每个方案都有其利弊，由高管人员来决定如何做。他们对组织绩效是负有责任的，实施组织变革也是他们的责任。我们可以建议各种资源，但由领导者决定用还是不用。当确认问题时，我们请支持者或拥护者做决定。我们做幕后工作，帮助我们的直接客户与上司保持一致，并确保所有变革的完整性和协调性，保证每个人与实施的解决方案保持一致。在《完美咨询》（布洛克，2000）一书中介绍的指导方针，尤其对进行组织层面的绩效改进顾问有特别的帮助意义。

高绩效的管理惯例

无论你的客户是在努力实施变革还是仅仅创造或维持组织的高水平绩

效，但在管理上都有些一般的通常做法，这些惯例可以协助他们也可以妨碍他们。表 4.3 列出了我们发现的几个重要惯例。

表 4.3　帮助或妨碍组织绩效的管理惯例

组织绩效助手	组织绩效障碍
策略得到所有级别管理层的理解和支持	方案没有优先顺序
问题在会议上讨论并解决	未放弃与目前策略及方向不一致的方案
高管和经理们对其承诺和绩效负责	缺乏对策略和方案的跟进
及时地在合适的级别层面做决定	只将重心放在目前的压力上，而不是放在组织长期的兴旺发达上
高管和经理相互尊重、相互信任，没有井底之蛙的竖井式思维	仅仅将重心放在自己责任区域，竖井式思维

战壕里的真实故事

为了将工作场所及组织层面的绩效改进工作的关键因素放在一起，我们分享两个真实的故事及故事的结果。

横向与纵向一致

具有 130 年历史的铁路公司的一个收益核算小组购买了一套自动核算收益系统并用它代替了人工处理过程。关键的业务问题是这家铁路公司有数千万美元的未收款项，大多数都超过了 90 天。人工账目跟踪系统的存储残片允许到期未付票据浮动几个月。这点使得他们决定将收益核算流程自动化。

这家铁路公司雇用小型咨询公司来开发新系统的培训。咨询公司的顾问帮助他们的客户认识到仅仅提供培训是不会获得成功的结果的。软件安装基于假设的工作流，而此工作流需要进行大量改变，如程序和流程、员工的角色以及人员和组织管理方法。由于这是一个集体谈判的场合，因此争论的风险很高。

顾问与客户组织成员一起绘制、重新设计了工作流，将零散的专业工作进行整理变成以客户为中心的工作团队，建立了一个以团队为基础的、采用完全不同的政策和惯例的组织。工作场所也进行了重新配置，工作程序和规程进行了模拟和测试，使员工及经理能够在变化发生之前了解自己的新角色和相互关系。

结果：经理、员工以及谈判方也都热情地支持这个变革。逾期 90 天的未收款数量减少了 75%，现金流增加了 4 000 万美元。

横向一致、目标与行动错位

一家大型计算机硬件生产公司的美国销售部请绩效改进顾问创建一张可视化的图来说明其业务发展过程。提出的问题：销售团队不了解业务发展过程。业务问题：销售团队之间相悖的做法造成了客户的不满和缓慢的销售周期，从而影响了现金流和销售成本。客户希望有一个清晰的业务发展过程的图解说明，从而创建应如何遵守流程的一致性。

随着项目的展开，情况变得清晰了，每个地区都有不同的流程，甚至在同一个地区内的流程几乎都不一致。而且流程不仅仅涉及销售，业务发展也是一个具有跨职能的流程。顾问和客户建立了一个跨职能任务特别小组来定义、提炼并实施所有关键利益相关者都同意的一个流程。这个特别小组鉴别、剔除了许多无助于销售的流程步骤，甚至鉴别出一些不相干的工作。

结果：这家组织调整、重新定位销售流程，并将平均销售交货时间减少了数个星期。由于管理大量员工的经理在组织文化中具有很高声望，一些不相干的工作得以保留下来。工作分类系统将更高薪酬水平和额外津贴都分配给管理大量员工的经理。这仍是一个由于惯例与目标和策略不一致而对组织绩效不利的实践案例。

应用练习

你现在可以尝试一下。使用以下指南，选择三个模型中的一个来绘制你的组织图。

如果……	于是……
你对组织如何适应、符合包括供应商、竞争对手、市场和客户在内的更大系统没有感觉	根据图 4.1，创建一个超级系统图
你缺乏对业务清楚、全方位的理解，如市场营销、产品与服务、流程、内部结构或财务目标及策略背后的深层考虑	根据业务逻辑工作辅助及工作表 4.3，创建业务逻辑图
你希望对作用于组织的力量和组织如何适应其行业有大概的了解，或者你想在与小组一起使用图形工具工作之前，先尝试使用这些工具	使用格鲁夫模板，建立背景图和行业结构图

结论

组织层面是组织绩效系统三个层面中最高的一个。对绩效改进顾问来说，处理这个层面的问题是最具挑战性的，它也最具杠杆作用。对我们把解决绩效问题所做的努力从情景式提高到真正的系统性，这是最好的机会。绩效改进顾问很少被要求帮助这个层面改进绩效，我们的文献中关于此方面的案例、工具和解决方案也很少。所以我们必须睁大眼睛寻找机会并磨炼我们的实用技能。处理这个层面的问题最好的工具是提出好的问题、认真聆听并坚持不懈。员工层面出现的绩效问题实际上是组织层面上目标与项目没有保持一致的结果。如果你可以帮助领导层领悟一致性能够为组织做出哪些贡献的话，你就能真正开始进行变革。在第 6 章中，我们将探索人类绩效技术咨询流程。

下一步去哪里

希望了解……	前往……
员工：个人及团队层面	**第 2 章**
问题的解决	
分析	
与企业关系	
模型与工具	
流程与惯例：工作层面	**第 3 章**
流程	
关键的流程问题	
惯例	
绘图——使其有形化	
实施：将绩效与组织整合	**第 5 章**
什么是实施	
情景式与系统化	
失败与成功	
坚持到底	
模型与工具	
我们做什么	**第 6 章**
系统化方法	
项目管理	
模型与工具	
关注未来：观察趋势	**第 7 章**
影响客户的趋势	
自然资源	
技术	
经济	
绩效改进	
规划你的路线图	**第 8 章**
员工/个人	
工作/流程	
工作场所/组织	

作者精选读物

以下是我们向读者推荐的书籍和刊物，你们可能会喜欢。

书籍

Becker, B.E., Huselid, M.A., & Ulrich, D. (2001). *The HR scorecard: Linking people, strategy, and performance*. Boston, MA: Harvard Business School Press.

Block, P. (2000). *Flawless consulting* (2nd ed.). San Francisco, CA: Pfeiffer.

Bossidy, L., & Charan, R. (2002). *Execution: The discipline of getting things done*. New York: Random House.

Carleton, R.J., & Lineberry, C.S. (2004). *Achieving post-merger success: A stakeholder's guide to cultural due diligence, assessment, and integration*. San Francisco, CA: Pfeiffer.

Hale, J. (1998). *The performance consultant's fieldbook*. San Francisco, CA: Pfeiffer.

Heath, C., & Heath, D. (2007). *Made to stick: Why some ideas survive and others die*. New York: Random House.

Herbold, R. (2004). *The fiefdom syndrome*. New York: Currency Doubleday.

Reger, S.J.M. (2006). *Can two rights make a wrong? Insights from IBM's tangible culture approach*. Armonk, NY: International Business Machines Corporation.

Rummler, G.A., & Brache, A.P. (1995). *Improving performance* (2nd ed.). San Francisco, CA: Jossey-Bass.

Rummler, G.A. (2004). *Serious performance consulting: According to Rummler*. Silver Spring, MD: International Society for Performance Improvement.

刊物

The Wall Street Journal

Your local *Business Times* publication

Harvard Business Review

McKinsey Quarterly

第 5 章

实施：将绩效与组织整合

“服务健身项目”成型于一家全国性保险公司，该公司办事处的 300 名客服经理的绩效下滑产生了额外的培训需求。负责该项目的两位绩效改进顾问很快发现，客户非常在意这些客服经理，他们都是有丰富经验的长期员工且面临许多挑战，但其中只有一个挑战需要进行培训。其他的挑战为：

- 遵循老式、过时的程序。
- 内部控制的误解和滥用。
- 对工作优先顺序的困惑。
- 缺乏员工交叉培训。
- 缺乏授权技巧。
- 缺乏应急计划的制定。

在客户财务经理的支持下，绩效改进顾问设计并开发了前端分析，扩展了他们已经得到的信息。通过分别与每个关键的利益相关者谈话，绩效改进顾问在采集到详细信息的同时与他们达成了共识。当绩效改进顾问正式报告他们的发现时，这些关键利益相关者明白影响客服经理绩效问题的复杂性，于是对多层次解决方案持开放态度。

绩效改进顾问的回应是建议进行一次全国各地区三天的外出休息走访，主动联系所有的利益相关者。这个“服务健身项目”的核心要素是：

- 提前为非办公现场使用而采集信息。
- 就相关服务优先顺序的创建与沟通在高管人群中达成一致。
- 举行公开会议来收集参加会议的客服经理提出的关键问题。
- 举行以活动为形式的会议，确定相关服务优先顺序和应急计划。
- 举行分派任务技巧培训。
- 与支持处理中心的经理一起举办“服务水平协议”开放式论坛。
- 为最常见分派的25种任务提供工作辅助。
- 为改进工作绩效，每位客服经理设计并完成的任务跟踪项目，按区域在任务完成后六周后提交。

这个“服务健身项目”和之前客服经理们经历的其他项目完全不一样，其结果包括：

- 由于精神压力而请假的客服经理人数大大降低。
- 印刷依据任务跟踪项目得出的结果并分发给所有客服经理，供其使用或调整使用。
- 25个工作辅助的内容扩展到包括客服经理、地区处理中心提出的建议，工作辅助变成了一个持续进行的项目，用来将全组织的工作流程标准化，并且每个季度都会更新。
- 低端工作被系统地分派给初级员工。
- 进行处理中心的领导任务再分配，以保证服务水平协议的执行以及在“服务健身项目”进行中客服经理提出的关键问题能得到处理。

为什么设置本章

你有多少次管理、参与或观察那些曾经经过仔细思考、认真设计的绩效改进解决方案，没过多久这些方案却逐渐销声匿迹？你又是否经常看到花费大量时间、运用你的专业知识所做的努力在实施后立即消失？遗憾的是，碰到这种情况的不止你一人。在 2008 年 7 月的一次全国性研究中，麦肯锡咨询公司的报告指出，只有 1/3 的组织在绩效改进上取得成功。（麦肯锡，2008）援引 VitalSmarts and the Concours Group 公司在 2005 年进行的一次研究（2006），组织进行的主要项目的失败率高达到 85%。这项研究也发现，90%的员工也明显认同他们组织的大型项目似乎都不成功。

许多精心设计制作的解决方案本来真的可以使组织绩效得以改善，但均因为实施没有持久力而半途而废。大多数项目似乎都遭遇了以下一个或几个障碍：

- 计划从来没有得到全面实施。
- 实施得以完成，但是所得到的改进没有植入公司文化中。
- 没有进行任何确保绩效改进具有持久性的努力。

实施的界定

实施是指“执行、完成，特别是通过具体的措施得以真正履行以产生实用效果”。（韦伯斯特字典，2003）实施将行为、系统、管理惯例或关系中的变化植入组织架构内，也包括将任务履行之前、过程中及之后的活动植入组织架构内。

实际上，成功实施既要精心设计也要把实施做到位。设计实施包括：

- 预期效果与业务紧密相关。
- 与利益相关者、股东广泛交流沟通。
- 受影响员工的积极参与。
- 高级管理层的可视化支持与保证。
- 识别所有受影响的流程。
- 认真考虑组织的文化规范。

如果具备以上这些元素，那么我们就可以说已经成功地创立了绩效改进解决方案，履行了这个方案并将其植入到组织中，成为组织的一部分。

实施新法律

数年前，美国一项新的法律《家庭休假法》（*the Family Leave Act*）要求雇主给雇员提供满足家庭各种主要需求的休假制度，包括照顾生病期间的子女和父母。人力资源部要求我们帮助简化法律在该组织各部门的申请程序，供经理们使用。

我们收到的资料冗长。然而这项法律对雇员是有利的，也可能对许多人有帮助。根据我们对组织文化、经理的管理职责以及目前员工请假规定、流程复杂程度的了解，我们把重心放在减少文件数量并加强文件易用性上。我们识别出员工请假的最常见原因、删除重复信息、把新法律的要求与公司已有请假流程相结合，然后将所有与请假有关的内容整理到一个文件里，以此保证新法律成为标准管理实务的一部分。

与人力资源部、经理代表及法务部一起，我们采用人力资源部和经理都熟悉的规范格式将 36 页的文件缩短为 6 页的工作辅助。为使其具有扩展性，这份实施计划（见表 5.1）将解释性说明也包括进来作为新法律的介绍和工作附属，同时把适合经理或人力资源部开会用的简短陈述也包括进来。

表 5.1 完成了什么

工作场所	工 作	员 工
重组	工作设计	绩效标准
计划	自动化	反馈系统
项目	技术	发展改进项目
规定	团队	资质证书
政策	标准	
合并	重新设计的流程	
设备的改变		

从情景式到系统化

一般来讲，实施可分为两种：一种是情景式，另一种是系统化。情景式实施计划根据征兆而不是动力或原因来制定。这种实施无法进行控制，也就是说，这种实施计划有目标，但目标并没有与组织目标绑定，因此不能维系持久。因变革而疲惫的员工认为这种实施计划就是“风靡一时，昙花一现”，于是他们对此的反应很随便，知道它是什么，也知道它很快就会变成历史。

系统化实施则讲究深层的根本原因和动力，因此这种实施计划具有长期持久性，且按长期实施来设计。这种实施根据组织情况按横向思维方式设计，并且跨部门将所有受影响的员工、流程及组织文化相关的方面都考虑进来。

为实现绩效改进解决方案的可持久性实施，我们建议将重心放在绩效改进的 RSVP+原则上。

- 通过强调终端（结果）而不是方法（你如何达到）来获得可持续结果。

- 采用系统化观点来保证将组织所有的功能部分包括进去，解决方案将以某种方式触及各个部分。
- 要考虑解决方案的持续实施为业务增加的价值——什么对组织达到并持续改进绩效有重要性以及你可以如何帮助组织做到这点。
- 要与利益相关者结成合作伙伴，如客户、支持者、功能部门代表和受到实施方案影响的其他人，从而保证这个项目能够被持续采纳。
- 记住这个“+”和实施，只有符合组织准则的解决方案才能被组织文化欣然接受。

实施失败与成功

引用 VitalSmarts/Concors Group 之前的研究（2006），失败的实施是容易识别的，其特点包括：

1．无事实依据的计划。一个项目在开始建立时的截止期或者资源的限定没有依据事实计划的。

2．不合适的发起人。赞助商不提供领导作用、政治势力、时间及精力来帮助项目得以完成。

3．回避。绕开优先设定的程序工作。

4．项目懦夫。团队领导和成员不提出项目存在的问题，只是等其他人说出来。

5．团队失败。团队成员不愿意或者没有能力支持项目从而陷入失去功能的行为状态。

这些情况是不是看上去很熟悉？作为绩效改进顾问，我们处于一个独特的位置来帮助精巧地制作深思熟虑的、有持续性的实施计划。我们可以确保该计划遵循 RSVP+原则并与驱动公司前进的目标紧密相连。我们可以帮助实施计划方式与公司运营相吻合。正如哈罗德·斯托洛维奇（Harold Stolovitch）提醒我们的：

“我们的职业责任要求我们将先入为主的观念放在一边，特别是在一个不熟悉的环境下。我们的工作是观察、收集可靠的信息，并且在我们得出结论和做绩效改进决定之前检验、再检验我们的认知与看法。”

资料来源：人才管理，4（5）：10，哈罗德·斯托洛维奇（2008）。

表 5.2 展示了实施失败的某些原因。

表 5.2 实施失败的某些原因

类　别	原　因
投资	无引人注目的愿景 无紧迫感 注意力分散 领导无责任感 基本设施不充足 几乎没有快速获得的成功 不了解员工学习所需的时间和资源
改革、创新	没有进行学习 陷入当前困境 过多依赖年度策略和绩效综述
交流	交流不充分
管理	员工起带头作用（人力资源、IT） 愿景与行动之间的断裂 缓慢而无效的决策过程 含混不清的角色、责任、职责、流程指标 对他人无效的授权行为

续表

类　别	原　因
参与	缺乏关键人员 员工敬业度低 客户需求缺乏足够重视
文化	没有文化方面足够的变化 变化被看作组织流程 环境改变 流程缺乏有力的监管
一致	奖励机制不到位 无外部观点 缺少跨职能、跨部门横向工作的能力

资料来源：国际绩效改进协会，2008。

无论是实施的设计还是计划都应该是系统化的——包括组织三个层面的、所有涉及的职能部门。要详细说明项目计划的试用期，并选择检查和修正的节点，以此来与组织其他优先要做的事情并驾齐驱，保持同步。为了增加成功的机会，朱迪思·黑尔提出了成功实施10个步骤。

成功实施的十个步骤

1．就目标、适用范围和措施达成一致。

2．设定基准线。

3．可行性评估。

4．为实现计划开发实施制胜计划。

5．确认领先指标和滞后指标。

6．安排监督机制到位。

7．持续关注。

8．采纳比率和报告率衡量。

9．转移拥有感。

10．奖励措施的采用。

如何制作一只改进之针

能够深入组织的实施是可以穿针引线将绩效改进解决方案织入组织的结构面料中的，这样，实施本质上就成为组织文化的一部分。只要“编织”到位，就很难将其剔除，因为破坏结构将其去除也会将其他文化组成部分剔除。之前讨论的《家庭休假法》就是一个例子，这个新法案的规程是和那些本来就存在的规程结合在一起的，从而形成雇员休假解决方案的另一个类型。绩效改进实施的另外八个成功案例可参见爱迪生和海格 1999 年的文章。

实施未能成功的原因是组织经常强调管理变革，而非强调在实施方案的同时要注重使其具有持久影响力。很多努力都消耗在沟通变革上，而没有放在保证受影响的每个人都积极参与到变革中。

我们喜欢的、可持续实施的一个途径是蓝斯·都柏林（Lance Dublin）的 I^3 改进实施模型（海格和爱迪生，2008），这个模型是一个具有伸缩、扩展的辅助工具，可以帮助你将绩效改进实施植入组织，从而深入组织结构。这个模型（见图 5.1）有三个步骤：

- **告知**——解释变革、倡议、项目，方法是采用品牌推广、市场定位、口号创立和活动等客户营销途径，以此提高民众对即将到来的变革的认知。
- **参与**——使所有利益相关者都参与到实施中。

- 整合——确保实施结果成为组织文化一部分。

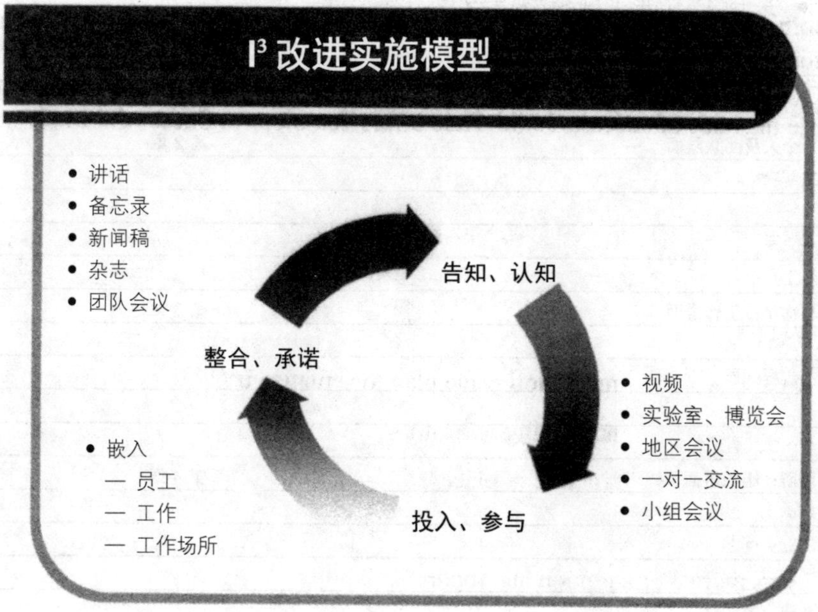

图 5.1　I³ 改进实施模型

结论

为了绩效改进解决方案取得预期结果，实施必须具备持久力。由于解决方案的实施大部分都不成功，因此绩效改进顾问能够将实施植入项目组织是非常关键的。我们可以：

- 确保具备实施的三部分。
- 帮助组织进行从情景式变革到系统化变革的转变。
- 在每次的实施中采用 RSVP+绩效改进原则。
- 按取得成功实施的 10 个步骤进行。

- 从资深的绩效改进顾问提出的建议中获得借鉴。
- 采用 I^3 改进实施模型指导我们制定计划。

下一步去哪里

希望了解……	**前往……**
员工：个人及团队层面	**第 2 章**
问题的解决	
分析	
与企业关系	
模型与工具	
流程与惯例：工作层面	**第 3 章**
流程	
关键的流程问题	
惯例	
绘图——使其有形化	
工作场所：组织层面	**第 4 章**
为组织画图	
关键的业务问题	
问题的解决：保持一致	
提出解决方案	
实施	
相关管理惯例	
模型与工具	
我们做什么	**第 6 章**
系统化方法	
项目管理	
模型与工具	
关注未来：观察趋势	**第 7 章**
影响客户的趋势	
自然资源	
技术	
经济	
绩效改进	
规划你的路线图	**第 8 章**
员工/个人	
工作/流程	
工作场所/组织	

作者精选读物

以下是我们向读者推荐的书籍，你们可能会喜欢。

书籍

Bossidy, L., & Charam, R. (2002). *Execution: The discipline of getting things done*. New York: Crown Business.

Heath, C., & Heath, D. (2007). *Made to stick: Why some ideas survive and others die*. New York: Random House.

Langdon, D., Whiteside, K., & McKenna, M. (Eds.) (1999). *Interventions resource guide: 50 performance improvement tools*. San Francisco, CA: Pfeiffer.

Stolovitch, H., & Keeps, E. (Eds.). (1999). *Handbook of human performance technology* (2nd ed.). San Francisco, CA: Jossey-Bass/Pfeiffer.

第 6 章

我们做什么

在绩效改进领域工作的乐趣之一就是面对各种不同的组织、项目及机会，而绩效改进顾问必须使这些客户发生很大的变化和不同。人类绩效技术（HPT）是一门宽泛的学科，这门学科欢迎具备各种技能和经验水平的通才和专业人才。在绩效改进项目开展的全过程中，不论其规模大小和复杂程度，项目团队顾问一般都被希望扮演多重角色和承担多种责任。这使得工作更具挑战性，同时也鼓励顾问去掌握新技能并通过每个项目提供新的学习机会——这是在我们这个领域工作的另一个好处。

系统化方法

如第 1 章绩效技术概况中所述，绩效技术的核心是用系统化方法改进绩效——这就是我们所做的事情。在我们探索系统化方法的各种元素的同时，我们尤其强调特定的项目管理措施，特别是与每个元素有关联的措施。我们这些在绩效改进领域工作的大多数人常常戴着项目管理的帽子，系统化方法有助于展示我们作为项目经理所做的工作。表 6.1 说明了系统化方法与项目管理流程的相同之处。

表 6.1 系统化方法和项目管理流程

系统化方法	项目管理流程
发现问题	启动
确定结果	制定计划
进行绩效分析	执行
采取行动	执行 管控
制定解决方案	收尾
实施解决方案	收尾
评估	适用于所有流程*

注：*在系统化方法中，每个阶段均进行评估。

我们宁愿使我们的项目管理责任尽可能简单。我们的大多数工作并不是和在个大城市周边建设一条高速公路一样复杂，因此，我们并没有看到项目管理软件的必需性。我们创建自己的表格、展示栏目列表及其他跟踪工具，并根据项目进展随时更新信息内容。这种方法是有效的。而我们的一些同事经常（定期）使用并极其依赖项目管理软件，如 Microsoft Office Project ™。

关键词

在第 1 章绩效技术概况中，我们介绍了三个关键词。下面我们再重温这三个关键词以帮助我们理解系统化方法。

系统

如同人的身体是由各个部分组成的系统一样，在人类绩效技术中，我们认为组织就是由各种元素组成的一个完整系统，不同功能部门、团队、科室即各种不同元素。我们把这些元素称为系统。

系统化（各种系统）

与人体内的循环系统和骨骼系统类似，我们可以将组织的各部门再分成子系统，如人力资源、销售、市场营销、信息技术等。

全面性

通过植物的所有组织细胞（作用到植物的所有组成部分）而不仅仅是喷洒在叶子上的除草剂或化学药品达到除虫目的就是全面性。这也描绘了从人类绩效技术角度看组织是如何运营的：系统或组织内的每一件事都会影响其他任何一件事，系统的某个组成部分发生变化对系统内的所有部分都有影响。例如，人力资源部执行了一项新的绩效管理系统，这家组织内各个部门的所有人都会受到影响。

系统化方法的组成部分

有经验的绩效改进顾问愿意引用他们开发的，或者可用来指导他们通过系统化方法达到某个绩效改进机会的具体模型。一些知名的专家，如哈罗·斯特洛维奇、唐·托斯蒂、吉尔里·鲁姆勒、朱迪斯·赫尔和马戈·默里，他们对如何实现绩效改进的系统化方法的组成部分都有各自的看法。

然而，所有模型都具有可复制性，并且在组成元素上也有相同之处，如这些模型都包含识别诊断、指导处方及评估。表 6.2（ISPI 2004）就是一个绩效咨询系统化方法模型的范例。尽管这个方法以线性形式出现在模型里，但它不是线性的。

表 6.2 绩效咨询系统化方法

	步　骤	步骤说明	结　果
目前与客户的关系以及作为合作伙伴参与业务	1. 与客户一起确定、讨论问题	□ 主动确定或应变地总结归纳客户对潜在问题的观点，并确定如何处理这个问题才能提高给利益相关者带来的价值 □ 同意客户接受目标已经达到的依据	□ 使组织存在的真正问题明朗化 □ 客户决定是否值得去做
	2. 根据预期结果评估绩效	□ 根据预期绩效评估绩效（通过现有或新的测量方式，以及/或现有监控措施）	□ 以量化术语确定、描述绩效差距
	3. 确定成功的要求	□ 确定成功绩效在合适的系统层面上的相关因素（障碍或要求）	□ 描述成功的障碍 □ 描述成功取得预期结果及所需的必要组成因素
	4. 建议的解决方案	□ 减少与成功绩效最密切的因素 □ 在应用人类绩效技术标准时确定替代的解决方案 □ 评估替代的解决方案及方法来处理最相关的因素（假设、成本、效益、风险） □ 从客户的角度沟通有关建议（从第一步起）	□ 由客户选择的一个或多个解决方案
	5. 设计/实施认可的解决方案	□ 与客户一起开发实施计划 □ 设计/开发解决方案来支持认可的计划 □ 支持计划实施	□ 实施计划得以进展 □ 设计并开发了消灭差距的解决方案 □ 实施计划完成

续表

步　骤	步骤说明	结　果
6．按预期结果监控绩效	□ 根据预期结果评估绩效 □ 提出下一步建议	□ 根据预期结果评估绩效 □ 提出下一步建议

资料来源：国际绩效改进协会，经允许使用，2004。

为了便于讨论，我们认为系统化方法由表 6.2 中表明的六个核心元素组成，另外加上一个元素——评估。现在我们使用它们来探索流程步骤，以及一个有经验的绩效改进顾问可能产生的结果类别。请记住，表 6.3 的系统化方法是一步步展现的。然而事实上，组织、人及信息的本性造成了步骤重复、走回头路及跳过某些步骤的情况。最终，系统化方法中的所有步骤都会进行，这里描述的结果也会获得。要注意，流程中每个步骤适用的角色和任务是用来说明和强调方法灵活性的，是成功引进从概念到完全融入组织内部结构的绩效改进项目所要求的灵活性。

表 6.3　系统化方法

阶　段	描　述	典型角色
识别问题	确定所需 • 识别问题、所需及机会 • 识别在满足所需或利用机会优势给组织带来的效益	顾问 从经理及其他专家处收集信息；帮助理清预期效益
定义结果	产出的定义 • 确定预期结果，是有形的产出还是一种预期状态 • 详细说明结果的必要条件——组织相关约束规定必须要满足的条件	顾问、分析师 与经理及专家一起定义可以量化的预期结果，并帮助他们确定获得预期结果的需求

续表

阶　段	描　述	典型角色
进行绩效分析	确定问题受到何种影响 • 进行绩效分析以确定对结果有关键意义的影响因素	分析师 采用绩效系统模型采集信息并确认对问题有影响的因素
采取的行动	决定采取的行动 • 检查替代干预措施或方法（成本、效益） • 完成最终的建议方案（业务案例）	分析师、顾问 确认潜在干预措施，根据需求、成本及效益评估干预措施；提出建议
如何做	制定干预计划 • 设计并开发实施干预措施的方法 • 设计并开发将干预措施融入组织的计划（改变方法论）	项目经理、顾问 与设计及开发专家一起制订解决方案并保证方案符合客户所需和要求；详细说明评估方法
行动	实施与干预 • 进行试点实施 • 按需进行修改并部署组织内或小组内的干预措施	项目经理、实施者 与实施专家一起提供支持、监督流程并按需进行修改
评估	评估结果 • 进行形成性评估（学到的经验） • 进行总结性评估（投资的回报）	分析师、顾问 确认流程及结果的评估、分析数据、汇报结果并根据需要对改进给出建议

资料来源：国际绩效改进协会，经允许使用，2004。

识别问题

大多数绩效改进机会都会被确认，因为管理人员会详细说明需要、问题或机会，并寻找解决方案。为了让问题有真凭实据，管理者必须能够清楚地说明如何处理这个问题才能给组织带来效益。这种情况时常被描述成人们很熟悉的“商业案例”，许多组织在投入任何资源之前要求有此项文件记录。

问题有时与最初显示出来的范围要大，程度也深，也常常会由绩效改进顾问进行彻底的调查研究，搞清所有局部状况。经理、客户及其他利益相关者们可以帮助充实最初的商业案例，并说明他们从问题解决中期盼的效益。商业案例的主要元素在表 6.4 中说明。通常主要元素包括：

- 用真实绩效、预期绩效、产生的差距、消灭差距影响等术语描述的反映在收入、成本以及列在第一部分中的其他受影响元素的项目效益。
- 由于列在第二部分中系统化方法的步骤使供应方和接收方受到损失的项目成本。
- 第三部分中由项目成功带来的潜在回报。
- 决定及第四部分之后的下一步计划。

表 6.4 商业案例

第一部分：所述项目的效益			
	关键工作问题	**关键流程问题**	**关键业务问题**
差距 目前状况 预期状况			
消除差距影响 • 收入 • 成本 • 其他			

第二部分：所述项目的成本		
	供应方成本	**接收方成本**
1．分析		
2．设计/开发		

续表

第二部分：所述项目的成本		
	供应方成本	接收方成本
3．生产		
4．交付		
5．项目维持与支持		
• 第一年		
• 第二年		
• 第三年		
6．评估		
7．管理支持		
• 第一年		
• 第二年		
• 第三年		

第三部分：项目的潜在回报			
	第一年	第二年	第三年
收益			
成本			
净利润			
累计净利润			

第四部分：决定及下一步计划	
____1．根据要求进行建议的项目	准备项目企划书开发推荐的项目
____2．进行概括性分析，澄清所需及适当行动	准备分析用项目企划书
____3．此阶段不适合利用的资源	将建议的项目处于暂停状态 要求者加强、充实商业案例
____4．再次思考建议的项目和商业案例	要求者再次检查外在需求
____5．其他	

资料来源：吉尔里·鲁姆勒及绩效设计研究室，2004。

扮演顾问角色的绩效改进顾问的工作产生这样的结果：清楚阐述问题、描述目前状况，这些阐述与描述获得的支持来自强有力的商业案例，以及通过成功的问题解决方案获得并得以清楚表达的预期效益。最初的经理或被任命者成为该项目的客户。

识别问题的项目管理——启动。随着商业案例的展开，我们已经获得管理层的通过，准备启动项目了。在项目管理术语中，这个阶段被称为“启动”。此时已经给客户提供了必要的信息，且项目已经被授权（格里尔，1996，第 13 页）。顾问可能会参与有关预算的讨论、谈判、演示及启动项目的其他初期的交流沟通。

在此阶段，有一个非常好的做法是明确最终的客户，也就是在完成的项目上签字的人，为项目提供资金的人，你希望在项目执行期间与客户进行联系的人。这可以帮助你弄明白项目对客户及组织的价值。此时需要确认执行发起人，让他知道项目已经启动。在第 4 章中，你可以找到有关执行发起人或支持人的全部讨论。请你的客户指定不同的主题专家（SMEs），他们将审核项目的交付成果。

定义结果

为结果下定义是问题识别的进一步细化。这需要绩效改进顾问与经理及合适的利益相关者一起定义预期结果，用有形的结果或预期状态的形式或术语进行定义。这时要做的工作包括具体说明预期结果的必要条件、确定组织提出的必须达到的要求。最终预期结果必须是可以量化的。

当组织面对不稳定的经济条件下持续的财务掣肘时，领导层会仔细检查每个摆放在他们面前的提议，目的是保证提议产生可以量化的成果，如在收益、利润、市场份额、地区影响力及品牌认可等方面的成果。使用之前引出的元素，一个精心构建的商业案例将提供用于跟踪的、有意义的度量方式。

结果就是指被确认的产出要求，或者即将进行的项目解决方案必须达到的标准。为每个结果设定标准的实用指南就是大家熟悉的 S.M.A.R.T.目标模型。S.M.A.R.T.目标是:

- 具体。好的目标不是总体、宽泛的，如“降低员工离职率”，要尝试“按照公司员工留任的五个策略来降低离职率”的描述。
- 可量化。构建衡量目标进展过程的标准。描述你知道你完成了目标的多少，以及你是如何知道这点的。“按照公司员工留任的五个策略，在 1 月 31 日前降低离职率 10%”。
- 可达到。一个成功的目标应该是一个可达到的目标。如果是一个非常宏伟的目标，比如“按照公司员工留任的五个策略降低离职率 50%”，那么将其分解成年度甚至季度目标，这样以使成功的可视性变得容易，而且提高达到目标的概率。
- 现实。目标应该是现实的，如果提出目标的人坚信这个目标可以完成。与之类似的目标之前是否实现过？完成这个目标必须具备什么样的条件？“按照公司员工留任的五个策略在未来五年内每年降低离职率 10%，并保证管理人员全过程参与”。
- 及时。目标应该有时间限制，这样就有了节点——最后时限并营造了紧迫感。确定时间结点并将其包括在目标陈述中。“按照公司员工留任的五个策略在未来五年内每年降低离职率 10%。要求所有经理将每月末的更新作为他们定期进展报告的一部分，以此保证管理全过程参与。”

定义结果的项目管理——制定计划。如同我们已经看到的，改进绩效的最高效的方法是从最后开始。有时我们很幸运，客户可以清楚并准确地详细说明一个成功项目的结果。基于此，衡量项目成功程度的标准识别将变成简短的旅程。当知道了目的地时，我们就可以安排这次旅行。

现在，我们处于项目管理的制定计划阶段，这时我们开发项目计划，计划从分析开始到我们所能够预想的地方为止，另外还要确定我们所需的资源，包括主题专家（SMEs）、经理、高绩效模范员工、绩效改进设计师、开发人员，还可能包括其他在项目推进中加入团队的人。从文件中获得来源也许是个好主意，可以帮助我们进行该阶段的分析，以确定观察和数据收集的网站。确定从计划的每一步结果中可以交付的成果。

有些组织遵循标准化的项目管理流程并具有制定计划的工具和可得的范本。要创立你自己的这些东西，有一些非常有用的出版物属于项目绩效改进专业管理的范畴。我们推荐迈克尔·格里尔（Michael Greer）的《项目经理搭档》（格里尔，1999）和蒂姆·埃斯克（Timn Esque）的《没有引起吃惊的项目管理》（埃斯克，1999）。后者有助于工作场所及组织层面的项目。

进行绩效分析

系统化方法表格（见表 6.3）中的这个步骤看上去很简单，但这是带有迷惑性的简单。事实上，这通常是绩效改进流程中最复杂、层叠式的活动。绩效分析包括：

- 制定绩效改进问题和机会的诊断调查规模。
- 选择收集数据的方法，确定进行面谈的利益相关者，制订观察出现问题的工作、员工及工作场所的调查计划。
- 决定何时、如何及向谁报告分析发现和建议。

在担当分析师角色时，绩效改进顾问特别注意绩效问题目前状况和预期状况之间的差距，并找出合理的原因或驱动因素。绩效问题可以显现在组织的任何一个层面上——项目进行过程中、具体到某些员工或工作小组或贯穿整个组织。在分析中，确定驱动因素是否在较高层面上是很重要的，只有这样，问题的本源才可确定并处理。

聪明的绩效改进顾问也会依靠绩效系统模型如整体绩效系统，来保证组织所有受到或可以受到绩效问题影响的部门都得以确认。在第 2 章，我们介绍了整体绩效系统（TPS）。我们喜欢这个模型，因为它具有可扩展性，并且适用于组织三个层面的任何一个层面的绩效改进工作。图 6.1 是 TPS 的另一种版本。

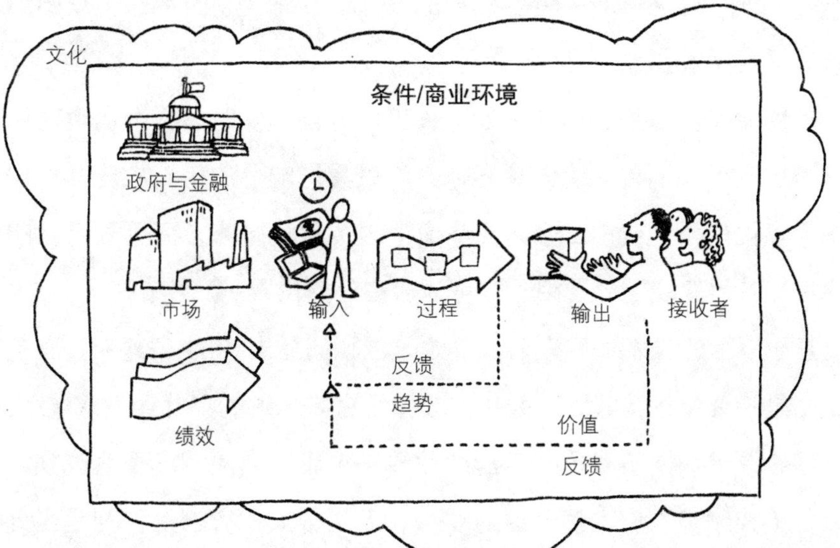

图 6.1　整体绩效系统

期盼惊讶。绩效分析就像家居维修——它绝少像我们在开始去除第一张墙纸时那么简单。绩效分析帮助做好感到大吃一惊的准备，如忽然找不到主题专家了，或者发现问题的证据比之前预料的要复杂。在这种情况下，要记住，当你的发现开始重复时，你的数据收集大概就完成了。

我们中间有人曾与一家大型国际技术公司合作，这家公司为制药业制造产品。公司计划推出一款新产品，销售经理希望销售人员知道应该得到哪些信息去销售这款产品以及如何为销售做最好的准备。两个有保证的分析资源是各个地理区位的销售目标和其销售情况信息，但这些从未被真正实现。在绩效改进顾问的点拨未能成功后，顾问与该公司商谈追加更多的分析资金、扩大其面谈人员的范围并非正式地收集缺失的信息。这样完成的分析就足够精确了。

一份分析报告常常展示一些客户已经知道的信息，但通过对这些信息的确认，绩效改进顾问提供了报告的附加值并承担了为客户整理归纳这些信息的重要任务。

提供建议。当分析的结果是一长串的建议列表时，要亲切地对待你的客户，排出建议列表的优先顺序，并将最具影响力的建议放在第一位。你也许会发现前两个或前三个建议具有明显的优先顺序，而列表最后的一两个建议和其他建议则分量相同，可以放在任何位置。

基于以上的技术项目描述，绩效改进顾问提出了 11 条建议，客户同意前三个是关键所在，然后从列表中选择了将要采纳的其他几条建议。

绩效改进顾问有时负责实施绩效改进项目，结果却发现有些领域并不在我们的控制范围内，然而这对项目将产生很大的影响，特别是当分析数据指明这些禁地可能是绩效问题的原因或驱动力时。

两位绩效改进顾问曾与一家大型公共卫生组织合作，帮助制订新员工定位计划。在分析阶段的早期，高层管理团队告诉绩效改进顾问，他们不用将组织架构作为招募员工和员工留任的影响因素考虑，也无须对业务如何运营提出建议。由于业务设计看上去似乎与组织面临的内部问题有很大的关系，因此绩效改进顾问在提供建议时不得不围绕业务设计进行。

展示分析数据。绩效分析的结果是绩效问题的详细描述及其原因和驱动力。分析很可能提出一些相关问题，而这可以成为绩效改进的一个机遇，该机遇比最初描述的范围要宽。在第 4 章中，我们提出了整理、归纳、分析数据并将其展示给高层领导的指南，将同样的方法应用于为组织各层面客户准备的所有分析数据展示是一个好方法。下面是向组织各层面客户展示分析数据时使用的一些报告技巧，可用于书面报告和产生视觉效果的展示。选择适合你的项目的一个或多个技巧。

- 将实施摘要放在发现报告的最前面，接下来是相关确认的信息，确认客户提出的要求或假设你能够发现的问题。
- 采用项目商业案例的元素来组织并展示你的发现。
- 遵循你在分析中使用的调查模型格式，以便报告与分析保持连贯性。
- 在报告的主体部分展示与面谈者见面时发现的几个具有代表性的陈述，让关键问题更有影响力并使这些问题更接地气。
- 将逻辑信息标注在附录中，如面谈人数、所做的观察、访问的地点、被问的具体问题等。

进行绩效分析的项目管理——执行。用项目管理术语来说，我们现在处于执行阶段。含有活动项目、数据、资源、地点及规划的具体活动的详细分析计划蓝图可以大大帮助你准确跟踪多个信息数据流。当环境变化了——当你的这个主题专家花了几个星期时间试图进行规划的关键问题一下子消失了的时候，详细的计划将有助于你发现其他的信息资源。

在考虑整理归纳分析蓝图时，要注意你将如何向客户展示你的发现。你的分析计划文件越井井有条，就越容易将结果放在一起，并从你编辑信息的逻辑性中得出结论。仔细观察一下你用于分析的模型和工具，看看它们是否可以指导你的分析报告。

采取的行动

这个阶段是绩效改进顾问决定做什么来解决绩效问题。在很多类似情况下，可能的解决方案也许包括按处理顺序排列的几个活动或行动。有位同行将其称为“一揽子解决方案”（来自与莱恩的一次面谈，2008）。在其他的案例中，有些客户必须做出清晰的选择。当然，还要考虑时间和预算，这两方面的因素可能会排除一些可能的解决方案。更为重要的是，文化规范必须加以考虑，这样所选择的解决方案就能够得以实施并被接受。

考虑文化规范。有时重要的文化规范要到解决方案实施阶段才会显现出来。我们中曾有人和一家组织的公共关系部门合作。部门经理希望有一种使新员工很快适应新岗位的方法，这样他们就可以马上投入工作并产生效益，但这些人大都是从公司内部调到这个部门并承担了新的角色。绩效改进顾问设计了一个自己动手的新员工训练计划，新员工在辅导老师和行政助理的协助下开展计划，每个岗位都有书面指南。所有的资料都放在网上方便大家检索。计划项目完成几周后，客户打电话来说，行政助理希望举办一次这样的培训，因为如果没有培训课他们会感到不踏实。“我们总是有课”，他们谈到了公司的一个规范。如果你的绩效改进解决方案违反了公司的某个规范，你就必须处理这个问题或寻找另一个解决方案。

与客户在这个阶段合作检验了所有可能的解决方案，所以可以节约时间与精力。客户在采取行动上的投资越多，那么成功实施和解决问题的机会就越多。

这个阶段的结果是，建议的解决方案满足了客户的要求、预算，以及在商业案例中被最初确认的预期效益。在结论中，这位客户选择了解决方案并决定了推进的方式。

行动的项目管理——执行与管控。由于在系统化方法的这个阶段项目仍处于进行之中，所以我们仍然处于项目管理的执行期。在执行中，绩效改进顾问在推进项目时通常会碰到挑战。项目的方方面面在执行期会出现改变或造成一些困难，并需要对计划进行修改。比如，你的分析也许已经发现了一些需要进行深度调查的问题。这些问题可能对计划的数个组成部分产生影响，而且可能最终改变计划安排及项目的实施范围。在这种情况下，到清单和其他工具中寻找答案，这样有助于搞清楚发生了什么及你可能如何继续下去。（格里尔，1996，第 119~121 页）

如何做——制定解决方案

当解决方案选定后，设计和开发这个解决方案的工作便开始了。需考虑的内容包括：

- 建立项目团队来实施解决方案。
- 确定如何衡量与评估解决方案的成功。
- 保证解决方案满足项目开始详细说明的要求及需求。
- 设计沟通、材料及相关的解决方案的组成部分。
- 为使改进成功融入组织，选择一个变革管理方法论。
- 与客户一起决定谁将拥有这个完成了的项目，并将负责此项目之后的不断维系。

这个阶段的结果是经客户核准了的一套完整的计划和材料，这套计划和材料满足了项目最初对绩效改进的要求，详细说明了如何对项目进行评估。

制定解决方案的项目管理——收尾。绩效改进顾问也许只对分析负责，因此提出解决方案的建议也就是项目的完结，或者说，这个项目结束于系统化方法中将完整的材料交付给客户时。在另一种情况下，可比较的项目管理阶段正在结束，但同时需要进行一次正式的项目完成和收尾、团队成员回到其正常的岗位、项目材料储存并按照项目初期计划长久保持下来的流程。项目收尾包括客户的正式验收。（格里尔，1996，第 125~127 页）

行动——执行解决方案

解决方案的执行有许多关键的、有别于最初方案的方面，虽然这些关键方面得以执行，却从来没有完全与组织整合在一起，也就是说解决方案没有成为组织架构中的一部分。作为项目的经理和执行者，绩效改进顾问有许多事情要做，包括：

- 制订完整的执行计划。
- 保证组织内所有涉及的人均持支持态度并对项目进行投入。
- 决定如何对执行及后果进行评估、监管，以及由谁执行评估和监管。
- 进行试点执行并对总体计划进行调整。
- 对正在进行的项目设定具体目标。

绩效改进顾问与执行专业人士及客户代表一起创建支持、扶持机制和项目监控程序，并对计划和材料进行任何所需的修改。

在第 6 章中，对执行进行了详细说明。

执行的项目管理——收尾。绩效改进顾问是唯一有资格设计和支持将项目执行与组织完全整合的人。我们鼓励大家在系统化方法的这个关键阶段尽你所能继续参与项目执行，而不是将其交回给你的客户。从项目管理的角度来看，在执行结束期，你应执行在之前的“制定方案的项目管理”节中所描述的各种收尾活动。

评估

在人类绩效技术的众多模型中，评估总是出现在最后。在系统化方法中它处于这个位置是因为总有一个放在最后。实际上，有丰富经验的绩效改进顾问在设计良好、管理良好的绩效改进项目的每一步都设置了评估环节。这样，只要出现需求，就可以随时进行调整与修改，从而在整个项目周期内节约时间和开支。

作为分析师和顾问，绩效改进顾问要在项目全过程的每一步骤中将评估有效性和价值做出计划安排。

形成性评估。绩效改进顾问在解决方案的设计、开发及执行阶段均应进行形成性评估从而改进解决方案的有效性。这种评估：

- 在解决方案处于开发阶段时提供相关信息，并可在投入更多的人力、物力之前进行修改。
- 依据原始材料和解决方案进行评估。
- 检查进度。
- 用来决定某个解决方案是被采纳还是被拒绝，从而导致“进行”还是“不进行”的决定。

绩效改进顾问使用形成性评估技术来确认取得的经验教训，从而进行适当调整取得项目的平衡状态，为项目团队和项目客户提供绩效反馈。

总结性评估。绩效改进顾问在项目实施完成后进行总结性评估，从而决定这个解决方案是否消除了差距，是否值得投入。总结性评估对项目为财务、客户及其他利益相关者带来的价值情况提供了反馈信息。

如今大多数组织会通过投资回报率来看绩效改进项目的执行情况。有关如何最好地跟踪及计算培训项目的投资回报率（斯托洛维奇和莫里斯，1998）及其他绩效改进解决方案有许多文章和研究。

一个采用平衡计分卡来评估整个组织的公司，在项目执行完后同样采用平衡计分卡来评估也是有可能的，因为平衡计分卡直接与业务结果、经营绩效有关。（西尔柏，2008）对于各种形式的评估，要保证平衡计分卡中的各种因素在项目初期得以确认，这样在需要的时候它们就已经到位。

作为绩效改进顾问，你希望了解客户组织跟踪的度量标准及他们最关心什么，如与年度指标、目标有关的内容。不管你是在分析阶段就创建该项目的价值，还是在项目执行结束后衡量结果时创建该项目的价值，你都会将重心放在组织目前正在努力改进的度量标准上。

卡普兰（Kaplan）和诺顿（Norton）在 1996 年确定的平衡计分卡四个角度为：

- 财务的角度。
  — 投入资金的回报。
- 客户的角度。
  — 客户信赖度。
  — 按时交付使用。
- 内部业务流程角度。
  — 流程质量。
  — 流程周期。
- 学习及提高角度。
  — 员工的技能。

我们发现采用这些角度有助于满足客户的个性化需求。表 6.5 列出了组织跟踪这几个角度的内容时通常使用的指标。可以将这个列表看作一个菜单，从中选出有意义的衡量方法。

表 6.5 平衡计分卡指标菜单

平衡计分卡：财务指标

组织层面（工作场所）

- 利润/利润率
- 每股收益/市盈率
- 收益性
  — 投资回报率（资产/销售/股东权益）
  — 利润（运营/净利/总额）
- 现金流
- 成本
  — 直接/间接
  — 变/不变
- 偿还能力
  — 当前债务与股本比率
  — 资产周转率

流程层面（工作）

- 销售成本
- 薪金及行政管理

执行者层面（员工）

- 人均销售量
- 收入/补偿
- 招聘/重新安置成本

平衡计分卡：客户指标

组织层面（工作场所）

- 市场区域的规模
- 市场份额
- 新客户

续表

• 目前客户续签率 • 投诉 • 净利润/客户
流程层面（工作）
• 周期时间 • 订单履行 • 回报 • 投诉
执行者层面（员工）
• 投诉 • 接近客户/回避客户 • 客户指定具体人员
平衡计分卡：产品/服务/形象指标
组织层面（工作场所）
• 公司形象 — 知识性/创新性 — 主动性、前瞻性/助人性 — 快捷服务 • 公司与客户的关系 — 方便/及时回复 — 保障/售后服务 • 产品/服务 — 新颖性 — 功能性 — 退货
流程层面（工作）
• 产品/服务 — 质量/及时/数量 — 安全性（事故次数、无事故天数）

续表

— 订单履行（完成数量百分比、周期时间、订单履行有缺陷数量） • 形象 — 方便/及时回复 — 知识性（回答的问题数量、处理客户询问且未造成更严重后果的次数） **执行者层面（员工）** • 投诉数量 • 表示问候和欢迎的次数、接近客户的次数、表示感谢的次数 • 帮助（解决投诉的数量、解决问题的数量等） **平衡计分卡：流程指标** **组织层面（工作场所）** • 销售成本 • 投入市场的新产品和新服务 • 流程改进的数量（降低销售成本、周期时间、准时率） **流程层面（工作）** • 研究及开发、生产、分销、售后、基础设施 — 质量 — 周期时间 — 处理时间 — 增值活动 — 协调 — 成本 • 工作过程（WIP） • 库存 • 重复工作/浪费 **执行者层面（员工）** • 确认、跟踪价值链的核心竞争力 • 生产力 — 每个员工的客户/账户 — 每小时产生/解决的事项 — 重复工作/浪费

续表

平衡计分卡：内部指标
组织层面（工作场所） • 薪金及行政管理 • 信息技术：购置成本 • 营业额/自留额 • 遵守法规 **流程层面（工作）** • IT：失败之间的平均时间（MTBF） • 招聘及雇用：周期时间、成本 • 人力资源流程存在 — 职位设计 — 职业发展 — 知识管理 — 组织级学习 • 绩效目标存在，交流、反馈机制存在 • 审计过程存在并使用 • 所有内部流程设计有效而且配有导图（IT、采购、财务与会计、战略计划等） **执行者层面（员工）** • 完成绩效计划、评估的百分比 • 创建、沟通并跟踪的目标 • 经常发出/接受的反馈 • 工作满意度

资料来源：2007 国际绩效改进协会，经允许使用。

成功指南

使用项目管理技巧、绩效改进工具与技术，通过系统化方法成功导航，这是一门艺术，也是一门科学。下面我们和大家分享两张清单，一张是要做的，一张是不能做的。

作为绩效改进顾问的十项成功指南

1．提供相关信息——知道你在说什么。

2．有勇气说出来——坚信你做出的贡献具有价值。

3．使别人感到舒服自在——带着热情与关怀与人进行交流沟通。

4．相信你听见的（要核实）——寻找补强证据。

5．了解政治——使你的客户看起来很棒。

6．提出难以回答的问题——使别人停止考虑新的信息。

7．建立你的信誉——保证你的客户知道你在除他们小组或组织之外也受到好评。

8．创建存在——你的署名是什么，你以什么而出名。

9．保证公平与客观——不根据某方的观点形成自己的观点。

10．保持关注——你的目标是改进绩效，讨人喜欢是第二位。

绩效改进顾问应当避免的十个错误

1．忘记问这个问题“如果这是解决方案，那么问题是什么”。

2．假设一名客户在项目开始前是难以接近、难以沟通的，但项目启动后变得容易接触和令人愉快。

3．忽略你在提案中列出的但后来发现是无效的假设。

4．发现之前指定的资源成了问题时未能通知客户。

5．忽视了让你的客户看上去不错的信息。

6．将产品强推给你的客户而不是合作解决问题或利用机会。

7．在没有举行精心策划的启动会的情况下启动项目，甚至连电话会议都没有召开。

8．没有将分析包括在承接的项目中。

9. 项目一结束便溜之大吉，没有与客户和项目团队一起进行事后检视，询问任务执行情况。

10. 忽视幕后动机和幕后政治。

选自米克・莱恩（Miki Lane，2000）编辑的《绩效改进顾问建议》。

结论

系统化方法是一个曲曲折折、来来回回、首尾相连的过程，一个或几个从业人士可承担其中的一系列关键角色。系统化方法包括六个核心组成部分，同时还包括在表 6.6 中展现的相对应的项目管理阶段。

表 6.6 系统化方法和项目管理

系统化方法	项目管理流程
识别问题	启动
定义结果	计划
进行绩效分析	执行
开始行动	执行 管理、监控
制定解决方案计划	结束
解决方案的执行	结束
评估	使用所有流程*

注：*系统化方法中的每个阶段都应进行评估。

系统化方法中每个组成部分的抽样工具和资源都可以指导初学者和资深绩效改进顾问成功完成项目。如果使用技能来计划、管理并监控，那么生成的项目便是绩效改进项目，它能产生之前许诺的结果并成为组织的一部分。

接下来你愿意探寻什么，使用下列表格来决定。

下一步去哪里

希望了解……	前往……
员工：个人及团队层面	**第2章**
问题的解决	
分析	
与企业关系	
模型与工具	
流程与惯例：工作层面	**第3章**
流程	
关键的流程问题	
惯例	
绘图——使其有形化	
工作场所：组织层面	**第4章**
为组织画图	
关键的业务问题	
问题的解决：保持一致	
提出解决方案	
实施	
相关管理惯例	
模型与工具	
关注未来：观察趋势	**第7章**
影响客户的趋势	
自然资源	
技术	
经济	
绩效改进	
规划你的路线图	**第8章**
员工/个人	
工作/流程	
工作场所/组织	

作者精选读物

以下是我们向读者推荐的书籍，你们可能会喜欢。

书籍

Block, P. (2000). *Flawless consulting: A guide to getting your expertise used* (2nd ed.). San Francisco, CA: Pfeiffer.

Brown, M.G. (2004). *Get it, set it, move it, prove it: Sixty ways to get real results in your organization.* New York: Productivity Press.

Brown, M.G. (2006). *Keeping score: Using the right metrics to drive world class performance.* New York: Productivity Press.

Brown, M.G. (2007). *Beyond the balanced scorecard: Improving business intelligence with analysis.* New York: Productivity Press.

Chevalier, R. (2007). *A manager's guide to improving workplace performance.* New York: AMACOM.

Clark, R.E., & Estes, F. (2002). *Turning research into results: A guide to selecting the right performance solutions.* Atlanta, GA: CEP Press.

Daniels, A.C., & Daniels, J.E. (2006). *Performance management: Changing behavior that drives organizational effectiveness* (4th ed.). Atlanta, GA: Performance Management Publications.

Esque, T.J. (2001). *Making an impact: Building a top-performing organization from the bottom up.* Atlanta, GA: CEP Press.

Esque, T J., & Patterson, P.A. (1998). (Eds.). *Getting results: Case studies in performance improvement.* Amherst, MA and Silver Spring, MD: HRD Press and International Society for Performance Improvement.

Greer, M. (1996). *The project manager's partner: A step-by-step guide to project management.* Amherst, MA. HRD Press.

Guerra-López, I. J. (2008). *Performance evaluation: Proven approaches for improving programs and organizational performance.* San Francisco, CA: Pfeiffer.

Hale, J. (1998). *The performance consultant's fieldbook.* San Francisco, CA: Pfeiffer.

Hale, J, (2003) *Performance-based management: What every manager should do to get results.* San Francisco, CA: Pfeiffer.

Kaplan, R.S., & Norton, D.P. (1996). *The balanced scorecard: Translating strategy into action.* Boston, MA: Harvard Business School Press.

Kaufman, R. (2006). *Change, choices, and consequences: A guide to mega thinking and planning.* Amherst, MA: HRD Press.

Mourier, P., & Smith, M. (2001). *Conquering organizational change: How to succeed where most companies fail.* Atlanta, GA: CEP Press.

Robinson, D.G., & Robinson, J.C. (2005). *Strategic business partners: Aligning people strategies with business goals.* San Francisco, CA: Berrett-Koehler.

Robinson, D.G., & Robinson, J.C. (2008). *Performance consulting: A practical guide for HR and learning professionals* (2nd ed.). San Francisco, CA: Berrett-Koehler.

Rossett, A., & Schafer, L, (2006). *Job aids and performance support: Moving from knowledge in the classroom to knowledge everywhere.* San Francisco, CA: Pfeiffer.

Rummler, G.A. (2004). *Serious performance consulting: According to Rummler.* Silver Spring, MD: International Society for Performance Improvement.

Sanders, E.S., & Thiagarajan, S. (2001). *Performance intervention maps: 36 strategies for solving your organization's problems.* Alexandria, VA: American Society for Training and Development.

Sugrue, B., & Fuller, J. (1999). *Performance interventions: Selecting, implementing, and evaluating the results.* Alexandria, VA: American Society for Training and Development.

Van Tiem, D., Moseley, J., & Dessinge, J.C. (2001). *Performance improvement interventions: Enhancing people, processes, and organizations through performance technology*. San Francisco, CA: Pfeiffer.

第 7 章

关注未来：观察趋势

管理及绩效改进行业里一个最具创新精神的领袖人物是我们的同事克莱尔·凯里（Clare Carey），克莱尔以她能够将一些完全不相干的员工团队联合起来并使他们瞄准共同目标而闻名。我们认为她的强有力的、带有魔力的方法——专注未来，可以用来帮助我们将眼睛紧盯影响我们工作的商务、行业、学术、政府及其非营利部门的发展趋势上。

为什么动态趋势很重要

商业期刊及每日新闻都在报道企业高管、业务分析师、未来学家及其他思想领袖们关于当前趋势如何影响全球工作场所的各种不同观点。我们选择了其中的一些趋势进行讨论，因为绩效改进顾问带给客户的其中一部分是世界及贸易变化上的广阔远景。另外，因为绩效改进顾问希望在工作时增加附加值，加之绩效改进顾问的工作基于组织目标和预期结果，因此我们通过绩效改进的镜头来观察这些所选的、反映到客户所面临的挑战上的趋势。你可能对其中一些挑战感到吃惊。

比如，你是否知道南非的员工正团结在一起努力解决国家的艾滋病危机？我们有两名同事不久以前在南非工作，了解到那里的员工已经意识到，除非这种病被处理、被管控，否则他们的企业将没有劳动力和人员的补充。

另一个例子，中国将成为一个有大量人群能够说英语的国家。这种发展会如何影响我们的组织及我们对世界的看法？

我们将使用 RSVP+——在第 1 章中介绍的绩效技术四个原则，目的是帮助我们描绘当前趋势，从而为客户的绩效改进做出努力，四个原则如下：

R——关注结果：利用我们的业务知识帮助客户将其绩效改进的积极性与业务需求及目标相关联，并通过详细说明、描绘最终结果来发起该项目。

S——系统思考：在分析形势时，我们要考虑组织绩效系统的方方面面，其中包括竞争压力、资源限制、近期和远期的预期变化及文化规范。

V——增加价值：要产生使我们的客户有所改变的结果，这种结果要说出什么对他们是重要的，这点在我们如何工作和我们建议、开发的解决方案中都要有所提及。

P——伙伴协作：要与客户、有代表性的专家和其他绩效改进顾问一起工作，分享技能、知识、创新及成功，从而产生预期结果。

+——保持解决方案——中立：四个原则中的+提醒我们作为有道德的绩效改进顾问，要聚焦于客户需求并保持解决方案中立，推荐根据客户实际情况的最好解决方案，而不是根据我们的喜好或我们个人的专业知识。

扩展绩效技术的范围

本书的基础是在第 1 章展示的绩效技术概况。当绩效技术概况谈及工作组织的某些细节时，就包括了作为工作环境部分的社会（考夫曼，2006）。在考虑某些我们认为在可预测的将来会继续影响世界范围内人与组织的趋势时，我们就采取了这种观点。

选择的这些趋势可以分为不同的类别。为解释方便，我们选择了四类趋势，但也同时提醒大家这些趋势之间是相互关联的。我们将讨论某些关联，而其他关联有待你们去探索。四个类别为：

- 自然资源。
- 技术。
- 经济。
- 绩效改进。

自然资源

我们大多数人都还记得环境运动——一些担忧环境的人联合起来拯救自然资源，如森林、河流及许多濒临灭绝的物种。他们在提高对自己事业的认知度的同时，也在教育全世界了解地球，以及我们人类以文明的名义给地球造成的损害。我们希望将重心放在这些有内在关联的自然资源动态趋势上：

- 气候变化。
- 水供应。

- 石油供应。
- 走向绿色。

气候变化。不管对世界气候为什么变化的个人观点是什么，大多数人都经历过不正常的气候。天气的定义是“关于热与冷、潮湿与干燥、和风细雨与暴风骤雨、晴空万里与乌云密布的大气状态”（韦伯斯特字典，2003）。天气形成气候，气候是指“某地天气的平均进程与状况，一般是由温度、风速及降水表示的一段时间内的情况”（韦伯斯特字典，2003）。

我们曾看到过这样的新闻——极地冰盖融化、海水平面上升、人类迁徙到阿拉斯加及热带地区的高处居住、野生动物无家可归。我们许多人也经历了不同寻常的狂风与暴雨、洪水、龙卷风等极端天气。研究表明，我们可以预料越来越多的风暴及其带给世界沿海地区的巨大灾害。

同样，随着气候的变化，世界会经历越来越多的洪水和干旱。如我们所见，这些变化使人类生活和贸易遭受巨大破坏。食品供应、成本和配送都受到影响，引发了很多困难。受影响地区的企业失去了人力、供应、运营能力，甚至它们的市场。

气候变化带来的各种影响范围很大，远不是我们在这里可以讨论完的。我们给你提出的问题是：气候变化如何影响你为之工作的组织？绩效改进模型、工具及过程如何帮助你制订计划和减轻气候变化带来的结果？

水供应。你是否体验过干旱？你是否对用水进行过定量使用，无论是你自愿这样做还是遵守强制性要求？这是否让你提高了水对生活和生命的重要性的更深意识？你是否开始想象生活在沙漠里是什么样子的？水供应、水纯度及用水计划对这个星球上的所有生物都是最重要的问题。

在撰写到这里的时候，我们正在经历加利福尼亚的初夏。结束了一个相对干燥的冬季，有名的火热季节随着由于干旱引起的火灾同时在加州各地发生而提前开始。消防部门联合起来与正在肆虐的野火展开斗争，而此时消防部门需要的资源，如水罐车却供不应求。与此同时，美国的中西部地区却饱受主要河流的折磨，洪水漫过堤坝，摧毁了无数地区的房屋。

根据过去数十年间观察到的典型气候模式，水务管理部门制定了政策并据此建设堤坝和水库。现在气候模式发生了彻底的改变，因此最困难的事情是制定充足的水供应和水储量计划（马丁，2007）。由于水资源的减少，所有地方的人都将面对超出一般程度的生存挑战。经济也可能崩溃，政府强制执行公平的方法来分配宝贵的水资源，与此同时还要避免因水资源而发生的战争。

根据所有记录，水资源的匮乏很可能成为生活的现实，一些国家正在采取主动的应对方法。我们一名同事最近在阿拉伯联合酋长国工作，他观察到那里的人们正在努力建设海水淡化厂来生产饮用水。随着石油供应量的减少，这些具有前瞻性思维的国家正在寻找方法来改变经济结构，而成为水的供应国仅仅是一个可能的变化。

这对于你工作的行业的暗示是什么？你的客户和他们的领导对未来及水供应怎么看？你如何成为关于水供应谈话的一分子？

石油供应。在写这部分内容的时候，随着燃料价格频繁上涨，石油危机正处于首要和中心的位置。那些燃料相对便宜的日子似乎已不复存在，结果是每个人都不得不做出明显的变化。所有组织都依赖石油，即便在生产产品时不依赖石油，也会在交通、采暖，以及原材料、供货的往来运输上依赖石油。组织受到了与油耗成本上涨赛跑的挑战，所有与燃料有关的商品与服务的成本持续上升。

当成本上升的时候，组织必须想方设法解决，典型的做法是开始控制支出。有些公司寻找其他替代方法，如使用其他形式的能源，采取其他运输方式，让员工在家远程办公，通过电子方式进行联系沟通以降低交通成本，召开可视虚拟会议等。而另一些公司将成本上涨直接转嫁给客户，如航空公司提高机票价格，将燃油附加费加到票价中，消减其提供的航班次数。

组织在处理与石油有关问题的重要自主项目时往往需要分析、沟通、管理变革及评估，简而言之，它们需要绩效改进顾问参与研究，提供建议，设计、开发及评估解决方案，从而执行组织领导层的战略决策。

世界石油供应逐渐减少，新能源技术仍处于发展阶段。相关的绩效改进问题同样会涉及其中。那么，我们如何做好处理这些问题的准备?

走向绿色。是否循环利用某些产品?你们当地的废旧物资管理公司是否提供了分别放置纸、玻璃及可回收塑料的特殊容器?它们是否把一年中的某些日子特定为收集某种可再利用的东西或收集有害的家庭废物如油漆产品，或者收集电子器材如电脑、电话，以便进行分解及再利用?你工作的地方又如何?

一些公司宣称它们的世界公民身份来自其在回收利用方面所起到的积极作用，苹果公司在2001年建立了回收再利用项目。迄今，从重量计算，苹果公司已经再生利用了其回收的所有电子设备的90%。

随着意识到我们消费的产品与材料数量从本质上说是绝对增长的，我们发现国家与国家、团体与团体在管理如何处理垃圾的方法上有很大的不同。例如，英国正在经历一场垃圾废物的危机，因为垃圾填埋场几近达到饱和。对扔弃过量垃圾有许多有用的惩罚措施，当地政府严格实施规定使得英国人不得不进行再生废物利用。

但是，我们工作和生活的地方的建筑物又是怎样的?你是否在一个绿色建筑物里面工作，你们社区是不是有一个或更多这样的建筑物?随着环保建筑材料越来越多，政府办公楼、其他公共建筑物、私人公司及住宅都越来越多地寻求环保建筑材料来建设绿色建筑物。虽然在初期阶段成本较高，但由于建筑材料可在供暖、制冷、用电量及用水量诸多方面节约成本，因此初期付出的成本代价很快就能收回来。因为在环保漆料、地毯和其他家具材料中不使用有毒物质，绿色建筑物创造了更加健康的生活和工作环境。

在美国和某些国家，遵照美国绿色建筑委员会的指导方针并达到具体标准的、重新开始装修或建设的建筑可以获得 LEED®证书。我们有同事曾与这个委员会一起开展用户培训计划，并得到授权能够看到并了解这些标准是如何设立、评估及监控的（美国绿色建筑委员会，2008）。绿色建筑物的主要卖点是员工缺勤减少，因为更健康的建筑物会拥有更健康的员工。

对生态和环境方面的关注如何在你的客户组织里得到证明？他们对我们的地球管理方式的看法如何？作为企业，他们如何影响社区？他们是否为员工制定碳抵消的规定？什么环境规定适合你工作的地方？这些规定是如何对绩效产生影响的？

技术

讨论技术趋势是很困难的，因为我们观察到的任何一项技术在我们把其写下来之前就已经发生了变化。即便如此，我们希望看到三种现象，三种持续挑战、影响工作场所并应得到我们注意的现象：

- 互联网的角色。
- 技术的融合。
- 价值 100 美元的电脑。

互联网的角色。互联网已经改变了国际上许多贸易的操作方式。互联网跨越了时区、边界，并将各种声音传给无数的人，人类通过一台电脑、一些软件和一个调制解调器就能获得由互联网提供的海量信息。同时互联网又是非法活动的温床：诈骗——多少被废除了的尼日利亚皇室获得了你的个人资金？恐怖活动、色情文学，以及比你想知道的多得多的名人个人隐私。互联网也是大量错误信息的储藏室，就像一个垃圾桶。聪明的网络用户在访问医疗网站寻找信息时是有选择的；在网上处理银行事务访问金融组织时是有选择的；在进入一个新领域保护其个人信息上也是有选择的。

商业贸易、高等院校、政府、专业协会及个人蜂拥而至，来到以太门户网站做广告、出售产品与服务、获得与分享信息、下载电影和音乐、发现灵魂伴侣、查看世界各地传说中的图片。你可以在线购买邮票、调整平衡你的支票账户、将婚礼照片发送给佛洛西姨妈、在电子购物网站获得新款吸尘器的最佳价格。互联网正在变成我们的地图和我们的时钟、我们的印刷机和我们的打字机、我们的计算器和我们的电话机、我们的收音机和电视机［卡尔（Carr），2008，第60页］。

大多数组织都具备将信息输入内部网的能力，这样他们的员工就能得到人力资源部的表格、公司出版物、价目表及其他业务工具。由于有了互联网，我们开发了新的工作策略。

如何表达我们工作及个人生活中的这一至关重要的部分以便为你的客户所使用？你如何利用这点来寻求帮助、改进绩效？

技术的融合。在有谷歌之前我们做了什么？想象今天的一个年轻人，不知道没有谷歌的世界：我们不再"查找什么"，我们用谷歌搜索。我们访问的网站对我们的了解比我们的母亲还多，这些信息被用来展示根据我们的兴趣和购买习惯量身定制的产品信息。

除了作为网上超级大国之外，谷歌还是重要的研究工作资源，使用起来非常方便和容易。谷歌具有崇高的目标，并拥有资源达到这些目标。他们喜欢为我们的大脑增加电子知识。根据拉里·佩奇（Larry Page），谷歌的创始人之一的话，谷歌的确在努力创建人工智能，并且是大规模的［卡尔（Carr），2008，第 62 页］。

那么 iPod 和 iPhone 又如何呢？现在全世界都在关注技术的融合及其相关服务——将资源整合到单一产品。苹果公司与其他技术领军公司不断探索方法将多样化的媒质形成单一的电子产品——手机。苹果公司有自己的电脑、iTunes 和其他软件、iPod、苹果电视和 iPhone。iPhone 及其竞争对手很好地集所有技术于一身。

这些产品和事件对绩效改进意味着什么？当今的雇主雇用了与技术一起成长的整整一代年轻人，他们习惯于只要醒着就接收着大量媒体内容。他们一边听音乐，一边用谷歌寻找信息，或者在听着 CNN 刚刚更新的新闻的同时用手机上发送文字信息。他们的工作习惯也很不同，他们对工作场所的期待使许多年老的主管无法应对［卡耶斯基（Gayeski），2008］。就是为了这些劳动力，我们帮助客户建立并管理绩效系统，这也让我们必须了解他们是如何与技术进行互动的。

这种情况对我们采用新技术的专业人士的暗示也是很有意义的。即使有些变化我们并不直接运用，但我们要跟上变化的脚步，帮助客户在部署活动项目和利用技术工具的优势方面做出明智的决定。没有人要求我们成为技术专家，但我们可以通过熟悉对客户产生影响的最新发展现状而为我们的工作添加附加值。

价值 100 美元的电脑。除了我们许多人口袋中的掌上电脑之外，一些慈善家、大学和组织承诺将技术送至全球那些缺乏技术服务的人群，而且他们正在以创新的方式来做到这点。无论这样的说法起源何处，价值 100

美元的电脑通常被描述成具备几个识别特征。这种电脑比 PC 或 MacBook 体积小、重量轻、容量小，有 Linux 开源软件、基本应用程序和少数几个其他功能。麻省理工学院曾宣布其正在生产一种价格稍高于 100 美元的电脑，一位相当成功的印度企业家将老旧的显示器进行改造制作出这种电脑，在印度卖 100 美元。廉价电脑普及道路上早期的一个亮点是“每个孩子一台笔记本电脑项目”（OLPC），这个项目的进程一直磕磕绊绊，始终没有达到批量生产并销售这种电脑的目标。

价值 100 美元的电脑的诞生意味着什么？它可以为那些未能享受到电脑好处的儿童和成年人打开一扇世界之窗，使他们进入世界主流，增加他们的知识信息和就业机会，将他们快速与其从来没有想象过的信息连在一起。这意味着托马斯·弗里德曼（Thomas Friedman）笔下的扁平世界将更加扁平（弗里德曼，2005）。这个项目对我们服务的组织又意味着什么？它们的商业模式、供应链和交流沟通又是如何发展从而将这个巨大的新生市场装入囊中的？我们将如何帮助它们进行必要的改变？

经济

影响工作中每个层面的每个人及其个人生活的明显的全球性趋势包括：

- 工作场所的创新。
- 印度和中国的崛起。

工作场所的创新。创新再一次处于聚光灯下，因为大多数国家的经济会对石油危机做出反应，而企业则会考虑如何在未来可见的商业的大风大浪中自由航行。当经济处于下行阶段时，你的客户组织采取什么步骤？它们是否消减研究发展部门的资金？它们是否取消计算机系统及设备升级的计划？它们是否缩减参加研讨会的员工数量？他们是否缩小培训部门的规模？

又或者，你的客户说“尽管局势艰难，但现在是创新的关键时候”，包括 2008 年被《商业周刊》评为世界最具创新公司的波士顿咨询集团公司在内的一些公司分享并同意这个观点（麦格雷戈，2008）。它们很看重在任何经济气候下都具有创新精神的员工，它们知道时代会变化，它们致力于开发一系列产品和服务，这些产品和服务将帮助它们度过艰难时期。

一家组织的创新方法会很好地说明其文化及价值观。当世界在努力学习和理解经过数年建立起的社会的影响时，我们需要有创新精神、善于思考的人，他们可以对我们从来没有碰到过的问题做出聪明的反应。了解你的客户如何为变革制定计划、促进创新的程度可以为你提供非常宝贵的线索，这些线索告诉你如何才能最好地提出关注或建议。

印度和中国的崛起。

印度。如果你上网有问题，或者要问一些关于手机的问题，你的技术支持是不是从在印度的呼叫中心打来电话？当地购物中心食品广场上卖酸奶的亭子隔壁是否就有印度咖喱的供应商？在附近的服装精品店里是否就有漂亮的印度沙丽？你的合作伙伴可能来自印度一所技术专科学院，或者具有印度血统。如果你在一个有许多印度人停留的地方生活和工作，你也许已经观察到或听说过，印度的某个东西时下很受欢迎。

除了众多美国企业将工作外包给印度这种饱受争议的做法外，在印度有一种强大的创业动力，这种动力以前所未有的速度刺激着印度经济［扎卡利亚（Zakaria），2006］。许多印度人接受了世界上最好的大学教育，而且他们中的许多人后来回到自己的祖国，将他们的专业知识服务于企业的发展。每年的 HB1（临时工作签证。——译者注）为美国公司引进了熟练的印度工人，特别是信息技术方面的人。最近，我们中有同事曾与一家大型服装制造厂商合作，在其进行编程和系统维护的数据中心花了不少时间。绩效改进顾问走遍了中心的所有楼层，听到的主要是乌尔都语和印度语而不是英语。

你的客户组织与印度有什么联系？是不是有些职能外包给印度公司而使本地人失去了就业机会？在未来几年这种安排是不是可能继续增长还是有所变化？这些变化对目标及实现目标的战略有什么影响？这些变化对实施完成这些目标的工人又有什么影响？你的客户面临或将要面临来自印度或印度公司的哪些竞争？当印度成为占主导地位的强国时，你的客户将如何考虑商业环境？将了解全球的视角带进你的绩效改进活动的能力为你的客户增加了价值。

中国。在中国发生的事情正在改变亚洲，而且将改变世界（扎卡利亚，2006）。从 20 世纪 90 年代初期起，中国就成为世界上发展最快的国家之一，并为其他国家提供了琳琅满目的工业产品，特别是为美国。

中国在海外也进行了大量的金融投资，到 2006 年年底，中国在全世界投资达 733.3 亿美元（中国海外，2007）。中国公司制造了上百万件计算机组件和其他电子产品，这些都被我们为之工作的进行改进绩效的组织购买。同样这些组织可能在中国有办公室、工厂或代理商，或者可能在中国投资，或者招收中国学生。如果大多数预言实现的话，未来中国将在世界经济中发挥更大的作用，将可能与我们的客户组织在某个方面有接触，你的客户对中国如何看？

绩效改进

下面，我们来仔细看看绩效改进领域的趋势。我们将研究三种趋势：

- 组织文化与策略。
- 发现机会。
- 绩效改进：融合器。

组织文化与策略。艾德加·施恩（Edgar Schein）将文化定义为：

> “为我们定义的一套基本假设——我们应该注意什么，事情意味着什么，对正在进行的事情如何做出情感上的反应，在各种各样的情况下应该采用什么行动。”

文化是一家组织的 DNA。对处于绩效改进行业的人来说，理解我们为之工作的组织文化是至关重要的，这样才能将事情以推进项目的方式完成，并在有利的情况下展示我们的成绩。也许文化是组织无法改变的事实而非趋势。重要的是我们要给予文化应有的考虑，永远是这样。

文化一直是组织的驱动力，而且将持续下去。文化本质上与每日的日常活动有关联，如信息是如何交流沟通的，谁第一个听到，为什么有些人收到邮件的抄送件，谁会查阅事情的内幕，想提升需要做什么，报告的格式是怎样的，谁会看这些报告及无数日常事务的细节。

文化规定了组织的政治及层级、礼仪礼节、可接受的行为举止，而在任何组织，合适的术语也是政治惯例的组成部分。更多组织政治，请见第 4 章。与此同时，评估所在组织的文化，也可以通过在线文化测试，可以选择数个测试中的某个。这是由 Inc.Com 公司提供的，网址为 www.connecttwo.com/article_mirrors/corporate_culture.html。它向你展示了你客户组织的什么信息？

为某个特定的实体组织工作了一段时间的员工往往能够把握文化，并在规定允许的范围内做事。而对于在许多组织进进出出的外部顾问来说，所有文化层面的内容可能还都不大明显。这点就是你的客户及其他内部顾问对你的成功以及你正在进行的绩效改进努力成功的关键。这些人基本上就是你的解释器，可以解释你亲眼见到的行为的原因以及你必须采取的行动。记住"文化规则"，不管个人的感觉如何，尊重文化，按文化规则办事。如彼得·德鲁克（Peter Drucker）所说："明天的商业挑战将不再是技术方面的，而是文化上的。文化要像任何其他企业现象一样进行管理。"（德鲁克，2001）

发现机会。就像绩效改进的核心原则 RSVP+中的 V 一样，V 代表增加价值，这个核心原则在本章开始已经重复过。当展望未来时，这是我们已经参与过的趋势，是我们希望鼓励的趋势：确认更多的绩效改进机会并抓住它们。我们现在正在谈论一种情况，即绩效改进顾问从事某个项目并发现了处理一个完全不同的问题的机会，这个完全不同的问题或者替代最初项目，或者增加到最初项目内容中去，由此为客户增加了价值。这种机会的两个线索是：

- 系统的变数。
- 决定性的业务问题。

系统的变数。我们都曾看到过这些现象：某个区域的商店营业收入比其他商店高，某家工厂轮班生产效率低于其同行，某位经理所带团队一贯得到客户服务的最高排名。当你发现某个现象时，自己去了解一下。如我们在第 3 章及第 6 章中所说，观察是你分析组织绩效及为你的客户增加价值不可缺少的工具。

我们的同事曾和一个电话销售代表团队合作，这个团队负责接听潜在客户对车辆保险的询价电话。销售代表的工作就是提供报价、向来电者销售保单。绩效改进顾问观察到其中一位销售代表的销售量比排在其后的销售代表的销售量高两倍多，于是，这位绩效改进顾问坐下来与这位销售代表一起发现其中的原因。

这位销售代表：

- 为自己定的销售目标比为团队定的目标高十倍：年底目标为 100 万美元。
- 印制了自己的名片，在周末到当地汽车代理商那里把名片分发给销售员，询问他们是否有顾客的电话，她会关照这些顾客（在加利福尼亚，当从经销商那里驾驶刚提出来的车时，你必须有保险证明）。
- 为自己必须做的事情画出在办公室内的最短路线图，这样在递送文件、传真及公布销售量时就可以节约时间。
- 只有在站起来的时候才摘下耳麦，而在坐下之前就将耳麦重新戴上，这样，她在电话上的时间要多于团队中的其他人。
- 利用客户等待电话接通的时间，将其名片和报价副本送给与她谈话的每个人，即使对方说不要保单，其中包括送给各家各户中其他符合驾驶年龄的人。

作为一个销售新手，这位销售代表在八个月里就完成了她 100 万美元的目标。绩效改进顾问认为这是一个机会，应该复制这位模范人物的目标制定以及工作程序并用于团队中的所有销售代表。

决定性的业务问题。使和你一起工作的小组备受折磨的重大业务问题也是改进绩效的机会的线索，即使这些问题和你正在做的项目没有直接联系。

我们的同事曾为一家重型设备制造公司开发一个针对区域经理的培训计划。这些区域办事处负责销售和安装设备，同时也销售设备维护合同，派遣技术人员进行日常服务或维修已安装设备。绩效改进顾问了解到，公司正在讨论的问题包括不断上涨的劳动力成本，以及由于竞争对手较低的服务价格而导致公司市场份额的丢失。

在讨论运营时，绩效改进顾问得知具备基本技能的技术人员就可以处理日常服务要求，但大多数区域经理往往只录用高级的有经验的技术人员。原本打电话进来要求日常维修的客户后来经常要求技术人员解决最初并没有要求做的额外的机械问题或相关设备问题。有经验的技术人员可以在一个电话中解决所有这些问题，而客户也喜欢这样，特别是当仅仅向他们收取附加材料费用而不收取第二个电话的费用时。

绩效改进顾问还得知，技术人员在出现场时要关闭他们的寻呼机直到完成工作及必需的文件报告。有时在将寻呼机再次打开之前，他们还会喝杯咖啡。这就意味着调度员在接到紧急电话时无法和这些技术人员联系上，于是需要更多的技术人员来满足客户服务层面合同的需要。

这提供了一个通过改变聘用、发送信息及派遣技术人员的流程达到提高应答速度、减少劳动力成本及夺回市场份额的机会。

绩效设计。有些绩效改进机会可能采取绩效设计的形式，而非对有漏洞的绩效进行修补的形式。以下是一些说明这点的实例：

- 我们的同事曾被要求帮助一个主管人员修改经营定位从而与公司策略——将客户服务作为新的强调点——相匹配。除了要确认更新后定位的组成部分之外，这位绩效改进顾问还设计了围绕该定位及向其汇报内容的整体绩效系统。
- 一些专门做品牌的同事走进了一家大型非营利组织，目的是将其出版物与合适的品牌相对应，产生品牌效应。他们发现这些出版物的尺寸不一，其中大部分都需要自定尺寸的信封。我们的同事重新调整了出版物尺寸使其能适应标准信封，该组织因此节约了1 000万美元的制作印刷费和邮寄费。

- 另一个同事得知现场办事处不断抱怨每天收到大量组织内部邮件，但处理所有邮件是不可能的。为了进行调查，她准备了一个与发送到现场办事处一样的发给她的邮袋，整整一个月每天发给她。这样她不仅了解了邮件内容，而且发现了一些例行公事的报告，这些报告没有明确的目的。于是，项目变成了努力剔除不必要和重复的报告，而将其他出版物发送到现场。这也节约了数百万美元的资金。

找到机会。聪慧的绩效改进顾问如何准确找到那些能够增加价值的机会？一个方法就是做一名好侦探。不论在哪里启动项目、访问或观察运营，只要对你而言是新事物，你都要怀有好奇心。询问这台设备为什么放在这个地方；询问谁会咨询这些手册，这些人都坐在什么位置；询问为什么库房里有许多莫名其妙、布满灰尘、无法辨认的东西；询问一下文件柜的位置，是不是所有的文件柜都孤零零地被摆放在走廊尽头。当你在绩效环境里到处看、到处嗅时，没有什么方法能够替代有礼貌的询问。每天看到同样情景的人不再留意你这个新人的新眼睛会看见什么。

还有一个例子。你是否记得白壁轮胎？就是中间有一条白色条纹的轮胎。如果你有一辆古典传统轿车，或者你在那个“白壁轮胎”年代长大，你可能知道新的白壁轮胎都用纸包装，这样轮胎上的白色条纹在运输过程中才能保持清洁和受到保护，不会被其他黑色轮胎把白色条纹蹭掉。

最终，白壁轮胎过时了，全黑轮胎成为标准，但运输还用纸包装。有一次，一个新员工看到这种现象并想知道原因。调查显示，这与上面谈到的历史有关，也让人们意识到，已经不再需要包装轮胎的纸了。想象一下这节省了多少纸张和人力！这就是组织的一双敏锐的新眼睛带来的巨大价值。

要成为一名好的侦探！睁开你的眼睛，竖起你的耳朵，提出问题，发现改进绩效的机会，同时也为你的客户增加额外价值。

绩效改进：整合器。在第 1 章的绩效技术概况中，我们介绍了绩效改进的概念，并将其作为一门单独的学科置于最佳位置——一个通过使用工作模型、工具和技术来整合全组织绩效的最佳位置。我们把绩效改进顾问的作用看成整合器，是在未来几年内继续流行的趋势。

我们的绩效技术采用由系统化流程推动的整体综合法，包含一个组织三个层面的绩效改进。看看我们都能做什么（爱迪生，2007）：

- 将业务、教育、政府目标及策略与结果相关联。
- 识别机会并分析绩效问题。
- 设计使员工能够最佳完成工作的系统。
- 支持个体、团队、组织及更大的社会，增加他们创造出结果的价值。
- 推广由 RSVP+原则驱动的各种方法论及其应用。

当我们写到这里时，一种生动的、关于思想的电子交流方式正在我们的同事群里展开，讨论绩效改进行业的未来。绩效技术是一门综合学科，被推荐为思考、写作、呈现及将我们的技能出售给潜在客户的方法。

我们和客户都熟悉许多绩效改进的方法，从六西格玛到精益生产、组织发展等。例如，六西格玛的焦点是产出，精益生产的焦点在于流程而不是人和惯例。也就是说，尽管有不同的模型、工具和术语，这些方法的相同之处比不同之处多。在我们聚焦持续效果时，绩效技术的强大作用是显而易见的。“改进组织绩效的关键是人员、工作和工作场所的整合。”（爱迪生，2007）

结论

有些绩效改进顾问会紧跟当前动态并关注影响其客户组织的世界趋势，他们往往将自己定位于为客户业务和工作的重要愿景增加价值。在趋势大背景下，与客户讨论业务的能力可以为从业人士增加信誉，同时也为客户展示了其技能的多样化。除了趋势背景外，我们也还可以选择其他一些背景情况。

通过 RSVP+，我们曾将主要趋势放在自然资源、技术、经济及绩效上，我们也意识到，还有许多我们没有注意到而肯定值得关注的其他趋势，如中东地区海湾国家的崛起及非洲的新兴国家。我们鼓励大家关注这些趋势，这些对你和你的客户都有重要意义。

在我们写本书的时候，世界许多地方的经济稳定仍然是个问题。会有变化，但这些变化是什么？睁大你的双眼，构建你的假设：正在发生什么？下一步可能发生什么？在这个飞速变化的环境中，改进绩效的机会是什么？

下一步去哪里

希望了解……	前往……
员工：个人及团队层面	**第 2 章**
问题的解决	
分析	
与企业关系	
模型与工具	
流程与惯例：工作层面	**第 3 章**
流程	
关键的流程问题	
惯例	
绘图——使其有形化	
工作场所：组织层面	**第 4 章**
为组织画图	
关键的业务问题	
问题的解决：保持一致	
提出解决方案	
实施	
相关管理惯例	
模型与工具	
实施：将绩效与组织整合	**第 5 章**
什么是实施	
情景式与系统化	
失败与成功	
坚持到底	
模型与工具	
我们做什么	**第 6 章**
系统化方法	
项目管理	
模型与工具	
规划你的路线图	**第 8 章**
员工/个人	
工作/流程	
工作场所/组织	

作者精选读物

以下是我们向读者推荐的书籍和刊物，你们可能会喜欢。

书籍

Diamond, J. (2005). *Guns, germs, and steel: The fates of human societies.* New York: W.W. Norton.

Drucker, P.F. (2001). *The essential Drucker.* New York: HarperCollins.

Friedman, T.L. (2005). *The world is flat: A brief history of the twenty-first century.* New York: Farrar, Straus and Giroux.

Gladwell, M. (2000). *The tipping point: How little things can make a big difference*. New York: Little, Brown.

Johansen, B. (2007). *Get there early: Sensing the future to compete in the present.* San Francisco, CA: Berrett-Koehler.

Norman, D.A. (2002). *The design of everyday things.* New York: Basic Books.

Pershing, J.A. (Ed.). (2006). *Handbook of human performance technology* (3rd ed.). San Francisco, CA: Pfeiffer.

Peters, T. (2003). *Re-imagine! Business excellence in a disruptive age.* London: Dorling Kindersely.

Pfeffer, J., & Sutton, R.I. (2006). *Hard facts dangerous half-truths and total nonsense: Profiting from evidence-based management.* Boston, MA: Harvard Business School Press.

Pink, D.H. (2005). *A whole new mind: Moving form the information age to the conceptual age.* New York: Riverhead Books.

Roam, D. (2008). *The back of the napkin: Solving problems and selling ideas with pictures.* New York: Penguin.

Schwartz, P. (1991). *The art of the long view: Planning for the future in an uncertain world.* New York: Currency Doubleday.

Tufte, E.R. (1990). *Envisioning information.* Los Angeles: Graphic Press.

Tufte, E.R. (2001). *The visual display of quantitative information* (2nd ed.). Los Angeles: Graphic Press.

Ulrich, D. (1997). *Human resource champions.* Boston, MA: Harvard Business School Press.

Wurman, R.S. (1989). *Information anxiety.* New York: Doubleday.

Wurman, R.S. (1997). *Information architects.* New York: Watson-Guptill Publishers.
Zakaria, F. (2006). *The post-American world.* New York: W.W. Norton.

刊物

The Atlantic (magazine) at www.theatlantic.com

Good Morning Silicon Valley at http://blogs.siliconvalley.com/gmsv/

The New York Times online at http://nytimes.com

The Wall Street Journal online at http://online.wsj.com/public/us

第 8 章

规划你的路线图

到现在为止，你已经花费宝贵的时间阅读了前面几章，你想用新学到的知识做些什么呢？我们假定每位读者都有不同的绩效改进经历，而且头脑中可能有下一步的具体计划。为支持一系列行动计划，我们提出了组织三个层面的建议，即员工/个人层面、工作/流程层面和工作场所/组织层面。不管你工作的情景如何——无论是公司、政府部门、非营利组织还是独立公司，这章都有你可以利用的信息。

员工/个人

我们一起来探寻有助于你职业发展行动方案的一些可能要素，包括：

- 结果。
- 输入。
- 强化技能、知识和能力的建议途径。
- 个人发展规划。
- 电梯演讲。

结果

在参与了优秀的绩效咨询实践之后，你的事业规划是什么？比如，你是否希望成为一名绩效分析师、设计师、项目经理、首席绩效官或其他？你是否希望为你目前的工作强化你的技能、知识和能力？如果你现在还没有想好，那么考虑一下，因为你需要在上路之前知道你要走向何方。

输入

既然已经确认了结果，那么实现、取得这些结果你需要哪些技能、知识和能力？我们也经常被问到这个问题。最简单的答案就是：考虑一下，当聘请一位绩效改进顾问时，招聘主管的诉求是什么？最主要的包括：

- 分析技能/问题解决。
- 陈述设计和交付。
- 融洽关系的建立。
- 书面的沟通能力。
- 项目管理。
- 解决方案的确定。
- 评估技能。

强化技能、知识和能力的建议途径

获得上列主要内容的途径有两种：一是正式的，包括专业认证、学位课程、研讨会、工作坊，以及学院、大学及专业协会创办的研究中心。

另一种是非正式的，需要你的主动性和独创性。以下是一些可以推动你启动的想法：

- 打开你喜欢的网络搜索引擎，查找这些关键词：绩效改进、绩效技术、绩效咨询，你将发现大量关于专业人士、出版物及专业协会的信息。

- 与一家专业团体的活跃会员建立广泛而多样的专业网络联系，通过这个专业网络，你可以获得之前提到的正式学习活动的机会，以及导师、教练对你进行继续学习的指导。
- 回到本书的其他章节，看看每章最后我们热心推荐的“作者精选读物”中的出版物。
- 在你目前工作的场所组建项目团队，从而为你的工作学习提供机会，同时使自己能够和志同道合的人一起。
- 与组织内能使你增加知识的人培养关系，如其他绩效改进顾问及核心业务部门的潜在合作者。特别要注意财务部门，这些人将按季度和年度总结业务目标及结果的完成情况。此处的学习与关系培养是真正值得的

医生对病人的态度。你是否见过这样的医生，他是一个很称职的医生，但同时又是吓人的、冷冰冰的人？这个人缺少的是医生对病人的态度，这是一种能力，以一种友善和支持的方式与别人建立联系，与此同时仍保持专业素养并赢得其信任的能力。一位有价值的绩效改进顾问就像你喜欢的医生一样，既有为获得成功必备的必要过程，也要有建立信任与信誉的实践与行动。

获得专业认证。对你来说，有几种专业认证证书可以提升你的职业声望。一些是多课程的项目，用调查方式来进行绩效改进；而其他的则更关注专业领域中的专长。一些需要更多时间和精力的保证，而另一些需要相对较少的时间与精力。通过资格认证来提高你的职业目标。

在绩效改进职位描述中，我们见到一个必要条件是国际注册绩效改进

顾问（Certified Performance Technologist，CPT）。这是以精通程度为标准的专业证书，你可以通过国际绩效改进协会（ISPI）获得。获得 CPT 是一种你可以自己掌握的有价值的发展投资。详细信息请见 www.ispi.org。

个人发展规划

绩效改进文献与著作中充满了行动规划的范例，帮助人们将他们制定的预期计划变成实实在在的东西。个人发展规划通常包括在绩效规划文件中，且存在于你工作的组织里。你也许愿意调整其中的一个以指导你今后的行动。

如果你需要个人规划表格，我们在下面提供了一个我们曾经成功运用过的表格。这个表格的基础是我们在本书中讨论的 RSVP+原则。你可以任意修改这个范例，使其为你所用。

RSVP+行动规划指导

阅读以下指南并确定你希望得到的前三个结果。为每个结果分别完成下面的表格，然后将你的行动计划和日期誊写到你的日程表上。

1. 注重结果

- 确认你希望得到的结果
- 记下来并排出先后顺序

2. 采用系统化观点

- 为达到此结果你必须做什么
- 确认每个结果需要采取的行动
- 这个行动可能会影响的系统内其他部分

3. 增加价值

- 注重具有高价值的结果
- 去除低价值行动（这些行动增加了成本和时间）
- 确认每个高价值活动所需时间

- 决定你何时开始每个行动，并在你的日程表上做出计划
- 注重最终成绩而非行动本身

4. 建立合作关系

- 谁将是你的合作伙伴?
- 你希望从他那里得到什么?
- 你什么时候与此人联系?
- 你什么时候跟进?

RSVP	行动	日期
结果		
系统化观点		
价值		
合作伙伴		

记住，如果没有制定时间计划表就实施，那么你不会完成任何行动。

电梯演讲

很多人都熟悉电梯演讲这个概念——一个30~60秒的自我推销，告诉询问者关于你的工作和如何为他带来益处。电梯演讲可以概括介绍产品、服务或项目，要在相当于乘坐一次电梯的短时间内完成。电梯演讲由以下内容组成：

- 叙述你可以解决的问题和你提供的服务。
- 典型问题的可能解决方案和机会。
- 什么使你与众不同。
- 成功案例。

以下是我们分享的一个电梯演讲。

“我帮助经理更好地了解组织并取得他们需要的绩效改进。我可以发现诸如销售量下降或员工离职增加等的原因。我的能力在于用一双眼睛来观察组织，从而使我的服务为客户增加价值。”

“最近我与一家大型体育用品商店合作，其自行车配件销售低于预测水平，管理层认为配件销售人员缺乏销售技巧。我们以考虑什么能够使顾客得到满足为起点，一些配件，如缓冲装置、性能车把、按钮等放在与自行车短裤、头盔、手套及其他衣物不同的部门出售，这样顾客就要到两个不同的地方购买。我们帮助经理绘制了一张图表，上面标明了每个部门满足自行车配件客户所需商品。当经理明白需要什么才能使顾客高兴时，他们意识到工作流程可以改善顾客购买体验。销售量立即提高。”

工作/流程

你现在是不是正在管理一个培训部门、组织开发团队或其他从事绩效改进的工作组？或者你渴望成为这种团队的主管？如果你的回答是肯定的，我们给你提一个中肯的建议。既然必须有一个人来管理组织内绩效改进的工作，为什么不用你在本书中学到的知识建立一个绩效改进部门从而致力于这项工作呢？

绩效改进部门

我们已经见过许多组织，这些组织内部有几个不同的部门都关注绩效改进，每个部门都有自己特殊的技术，都在努力工作，希望有所变化。想想吧，人力资源部门、学习与发展部门、信息技术部门、业务流程优化部门、质量控制部门及其他部门。既然这些工作部门追求的最终结果是一样的，为什么不把它们放在一起作为绩效改进的一个技能部门？可以想象这对组织的潜在价值，这个技能部门的绩效改进顾问通晓六西格玛、精益生产、组织发展、培训、绩效技术、人员因素及相关学科，想象他们所具有的潜能。

不同于每次都从一个视角单独解决同样的问题，组合团队可以从绩效改进可选的方式中识别出最适合的。客户可以为获得某种结果而查询这些组合技术：

- 人类绩效技术——重心为人。
- 流程绩效技术——重心为流程及程序。
- 组织绩效技术——重心为组织发展。

当然，新建立的绩效改进部门需要一位经理。

首席绩效官。首席绩效官（Chief Performance Officer，CPO）可以管理这个部门，消除那些重复的工作，实现规模经济，利用技能与影响，将改进带给整个企业。这名经理能够整合各种功能从而获得对绩效改进方案、举措的支持。通过职能部门内部纵向和横向的工作，CPO 可以获得独特的、宝贵的视角（见第 4 章），这将提高绩效改进及产生的效果的可信度。

在 CPO 的领导下，由独特语言、模型和方法引起的客户困惑可以被梳理、规整、简化到组织的整体绩效系统中。将所有相关学科整合、综合到 CPO 旗下，使达到客户满意度增加。

绩效改进部门要素。你是否还记得在本书第 2 章中第一次介绍的整体绩效系统（TPS），那是作为绩效改进顾问对组织进行分析的工具介绍的。你也可以从开始就使用 TPS 创建一个组织，也可以对现存的组织进行改建。虽然也可以用一些其他工具，但我们推荐使用 TPS，因为这是一个大家都熟悉的工具。从通常开始的地方——你希望得到的结果出发，然后按照其他 RSVP 原则进行，RSVP 原则首先是在本书第 1 章中介绍的。下面快速回顾一下：

R——关注结果：以详细说明最终结果是什么作为项目的开始。

S——系统思考：要考虑组织绩效系统的各个方面。

V——增加价值：产生带来变化的结果。

P——伙伴协作：与客户及其他专家一起分享技能、知识、创新和成功。

RSVP 成为你正在搭建的绩效改进部门的四个支点，现在你已经准备好用 TPS 模型来组建你的绩效改进部门了。如表 8.1 所示，这里的要素与 TPS 分析中的要素是一样的，除了这里的“接收者”被看作“利益相关者”。这个定义进行了调整，将重心放在新部门的组建上。你的任务就是利用你们组织的详细情况完成案例栏。我们先填进去一个，这样你们就可以开始填写。

表 8.1　整体绩效系统

要　素	定　义	例　子
利益相关者	内部客户、外部客户、组织绩效改进的相关者	顾客、员工、利益相关者
结果	重复业务、产量提升	
产出	解决的问题、提供的建议、确认的机会	
流程	绩效分析、项目管理、咨询、解决方案设计、建立合作伙伴、开发、履行、变更管理、开发业务案例、评估方式、方案完善	
输入	客户需求、筹集资金、使命、愿景、价值观、目标、绩效改进顾问、组织数据、客户及组织期望、模范员工	
条件/业务环境	内部/外部环境、趋势	

续表

要　素	定　义	例　子
绩效反馈	流程反馈以确保一致	
价值反馈	来自客户和组织的反馈	
文化：组织及地区	在此处做事的方法	

采用为你新建的绩效改进部门而做的 TPS，你现在已经在组建一支团队，一支在你的组织内有巨大潜能的团队。

工作场所/组织

大型组织内一个新创建的团队或部门如何才能有效运行？绩效改进部门如何才能融入组织？

我们因结果而为人所知

我们建议新部门通过交付的结果使其为人所知。许多绩效改进顾问努力教育他们的客户了解人类绩效技术，我们不推荐这种方式。你的客户对你能为他们做什么感兴趣，是你可以取得的结果而不是你达到这种结果所采用的方法。没有人在意市场部如何工作，他们关心的是市场部做的好广告。绩效改进也是如此。

教育客户

这就是说，一个对绩效改进部门的工作没有兴趣的客户不会长期谋求你的服务。理想的客户是一个接受过教育的客户，接受过你的团队能够带来什么结果的教育，了解了有关你的产品和服务，知道如何与你进行最佳合作和支持你的工作。帮助客户学习是你的责任。

设定预期值

如我们所见，在与绩效改进部门合作时，客户有两个主要责任：

- 与绩效改进部门合作，创建一个关于其项目的商业案例。
- 确信项目得到高级管理层的支持，从而使结果可视化并保证成功实施。

作为回报，绩效改进部门负责与客户一起为要取得的结果设定预期值。

结论

为帮助你决定如何最好地利用你在本书中收集到的信息，我们把你可以选择的几个步骤与三个组织层面对应起来：员工/个人、工作/流程和工作场所/组织。对每个层面，我们均提供、建议了达到你个人职业目标可遵循的途径。在此过程中，我们再次回顾一下 RSVP+原则，并将其应用于行动计划的制定。我们还提供了通用的个人发展规划工作表，你可以根据需要进行量身修订；同时我们还将 TPS（整体绩效系统）模型作为绩效改进部门组建的工具。注意到一点是有益的，那就是我们和你在本书中分享的许多绩效分析工具也都适用于绩效改进组织的建设。

作者精选读物

以下是我们向读者推荐的书籍，你们可能会喜欢。

书籍

Brethower, D. (1982). The total performance system. In R.M. O'Brien, A.M. Dickinson, & M.P. Rosow (Eds.). *Industrial behavior modification: A management handbook* (pp. 350–390). New York: Pergamon Press.

Crafting a killer elevator pitch. (2008, July). *Wells Fargo small business roundup*. Available: www.wellsfargo.com/biz/education/publications/small_business

Performance International. Available: www.performanceinternational.com

Thomas, M.N. (2000, August). Out-based job descriptions: Beyond skills and competencies. *Performance Improvement*. *39*(7), 23–27.

后 记

据说，相对于对组织的了解而言，大多数经理更了解他们自己的业务。经理应该能够更好地了解他们的组织及他们所需要取得的改进类型，而 HPT 为他们的这种需求提供了工具。有了 HPT，经理可以成为“总机械师”，也就是说，他们可以“调整”组织中他们的那部分，从而以可利用的资源创造最好的结果。但这还不是全部，HPT 还可以使经理成为“总发明师”，因为 HPT 可以使经理具有提供促进创新变革的能力，这种创新变革可以更好地满足日益变化的市场需求。

从最基本的层面上说，每个组织就是一套人类绩效系统。这套人类绩效系统是由人发现的，由人管理运营的，而传递价值的唯一的目的也是人——人类绩效系统的利益相关者（客户、业主、员工、供应商等）。组织绩效改进综合方法产生的任何影响都必须以这样一个假设为前提，只有这样才符合逻辑。

每年我们都看到大量新书在兜售商业成功的一些创新性解决方案，非常遗憾的是，这些“解决方案”几乎都没有产生任何长期、持久的效应。尽管进行了大量的投入，这些解决方案还是“昙花一现”。而与此相反，HPT 非但没有衰退，反而在这些年的应用上持续增长、发展。原因是，和大多数的方法不一样，HPT 是建立在牢固的行为研究分析和系统理论上的，其应用推广也来自一套原则。

作者为经理提供了迄今为止出版的一本最清晰、最有用的书籍。这本书没有把重心放在组织的某部分上，而是把组织作为一个系统来观察。此书考虑了影响人、流程、管理、领导的因素，并且考虑了这些因素必须如何相互作用从而生成结果。为经理开发的书籍往往将焦点放在一个区域，而呈现的解决方案也像神奇的公式一样，这种情况太普遍不过了。这本书很实用，是被证实的 40 年来成功经验的总结。

最后，可以说这是一本有关结果的书，而且还不仅仅如此，这是一本有关如何获得结果的书！

唐纳德・托斯蒂

Vanguard 咨询公司主席

反侵权盗版声明

